先生は教えてくれない！

クレヨンしんちゃんの勉強がどんどん楽しくなる！

キャラクター原作
臼井儀人
まんが
高田ミレイ

たいへんよくできました

JN207462

双葉社

お父《とう》さん、お母《かあ》さんへ

お子《こ》さんといっしょに楽《たの》しんでください。

本書《ほんしょ》は、小学生《しょうがくせい》や小学校《しょうがっこう》に上《あ》がる前《まえ》の児童《じどう》を対象《たいしょう》に、子《こ》ども期《き》に身《み》に着《つ》けておきたい大切《たいせつ》な事柄《ことがら》を、クレヨンしんちゃんのまんがを通《とお》して学《まな》んでいくものです。学校《がっこう》の先生《せんせい》も教《おし》えてくれない、もちろん教科書《きょうかしょ》にも載《の》っていないことを、まんがを読《よ》むことで自然《しぜん》に習得《しゅうとく》していきます。

今回《こんかい》のテーマは、「勉強《べんきょう》が楽《たの》しくなる」。

小学校入学当初《しょうがっこうにゅうがくとうしょ》には張《は》り切《き》っていた「勉強《べんきょう》」も、しばらくたつと家族《かぞく》に言《い》われていやいややることになりがちです。

お子《こ》さんが自《みずか》ら学《まな》ぶ子《こ》になってほしいというのはすべての親御《おやご》さんの切実《せつじつ》な願《ねが》いでしょう。

でも、本当《ほんとう》は、子《こ》どもたちだって、勉強《べんきょう》ができるようになりたいと思《おも》っているのです。クラスメートと比《くら》べて、自分《じぶん》は優等生《ゆうとうせい》の○○さんのようになれない、とあきらめているだけかもしれません。

勉強《べんきょう》で大切《たいせつ》なことは、人《ひと》と比《くら》べることではありません。

まず、自分《じぶん》が「知《し》りたい」と思《おも》うこと。昨日《きのう》わからなかったことが、今日《きょう》は「わかった」という喜《よろこ》びを感《かん》じることではないでしょうか。人《ひと》と比《くら》べず、もう一度《いちど》小学校入学《しょうがっこうにゅうがく》時《じ》の気持《きも》ちに戻《もど》って、自分自身《じぶんじしん》が勉強《べんきょう》を楽《たの》しむことに目《め》を向《む》ければいいのです。

この本《ほん》には、遊《あそ》びのように、わくわくと勉強《べんきょう》を楽《たの》しむためのヒントを満載《まんさい》しました。クレヨンしんちゃんのまんがを読《よ》みながら、ぜひご家族《かぞく》でいっしょにトライしてみてください。

クイズや言葉《ことば》遊《あそ》びで楽《たの》しく遊《あそ》んでいるうちに、きっと、「もっと知《し》りたい！」という気持《きも》ちがわき上《あ》がってくるはずです。

紹介《しょうかい》

野原一家《のはらいっか》

野原《のはら》 しんのすけ

「クレヨンしんちゃん」の主人公《しゅじんこう》。マイペースでこわいもの知《し》らずの５歳児《さいじ》。家族《かぞく》といっしょに埼《さい》玉県春日部市《たまけんかすかべし》に暮《く》らしている。

野原《のはら》 ひろし

しんのすけのパパ。双葉商事《ふたばしょうじ》に通《かよ》うサラリーマン。家族《かぞく》のためにいつも一生懸命《いっしょうけんめい》な野原家《のはらけ》の大黒柱《だいこくばしら》。

野原《のはら》 みさえ

しんのすけのママ。しんのすけとひまわりに振《ふ》り回《まわ》されながらも、持《も》ち前《まえ》のガッツで子育《こそだ》てと家事《かじ》をがんばるお母《かあ》さん。

野原《のはら》 ひまわり

しんのすけの妹《いもうと》。まだおしゃべりはできないけど、赤《あか》ちゃん言葉《ことば》でせいいっぱい自己主張《じこしゅちょう》するよ。

シロ

野原家《のはらけ》の愛犬《あいけん》。綿菓子《わたがし》のように丸《まる》くなる「わたあめ」など芸《げい》もいろいろできる、とてもかしこい犬《いぬ》。

キャラクター

しんちゃんのお友《とも》だち

マサオくん

小心者《しょうしんもの》で、ちょっぴり泣《な》き虫《むし》。まんが家《か》になる夢《ゆめ》を持《も》ち続《つづ》けるという努力家《どりょくか》の一面《いちめん》も。お片《かた》づけが得意《とくい》。

ネネちゃん

うわさ話《ばなし》とおままごと遊《あそ》びが大好《だいす》きな女《おんな》の子《こ》。でも本《ほん》当《とう》は正義感《せいぎかん》が強《つよ》く、度胸《どきょう》もある親分《おやぶん》タイプ。

風間《かざま》くん

頼《たよ》りになる優等生《ゆうとうせい》タイプだけど、じつは甘《あま》えっ子《こ》でママが大好《だいす》き。隠《かく》しているけど、少女《しょうじょ》アニメのファン。

ボーちゃん

口数《くちかず》は少《すく》ないけど、たまに深《ふか》いひと言《こと》をつぶやく存在感《そんざいかん》のあるお友《とも》だち。珍《めずら》しい石《いし》を集《あつ》めるのが趣味《しゅみ》。

秋田《あきた》の野原一家《のはらいっか》

野原《のはら》 樹《いつき》

しんのすけのいとこ。小学生《しょうがくせい》。妹《いもうと》の菜摘《なつみ》をかわいがる頼《たの》もしいお兄《にい》ちゃんだよ。

野原《のはら》 せまし

しんのすけのおじさん。ひろしの兄《あに》で、実家《じっか》で農業《のうぎょう》をしている。超《ちょう》ケチな性格《せいかく》。

野原《のはら》 銀《ぎん》の介《すけ》

しんのすけのおじいちゃん。しんのすけと同《おな》じく、行動的《こうどうてき》で若《わか》い女性《じょせい》が大好《だいす》き。

もくじ

勉強《べんきょう》ってなんだろう？

勉強《べんきょう》気分《きぶん》を盛《も》り上《あ》げよう！

遊《あそ》ぶように勉強《べんきょう》しよう！

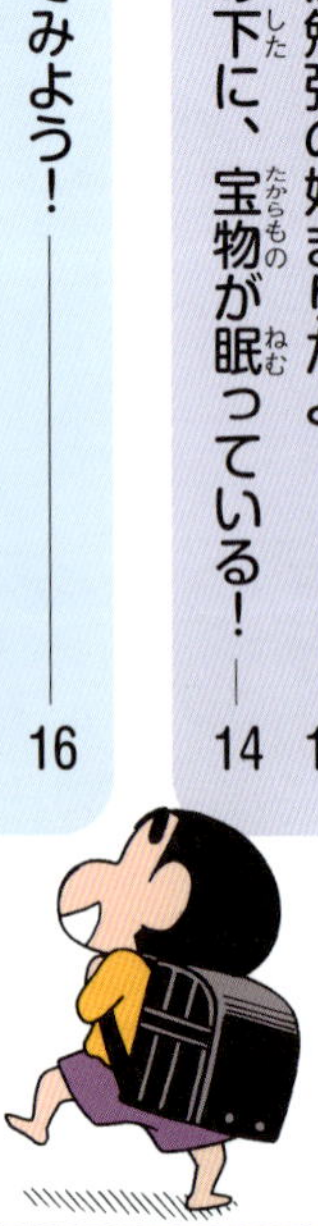

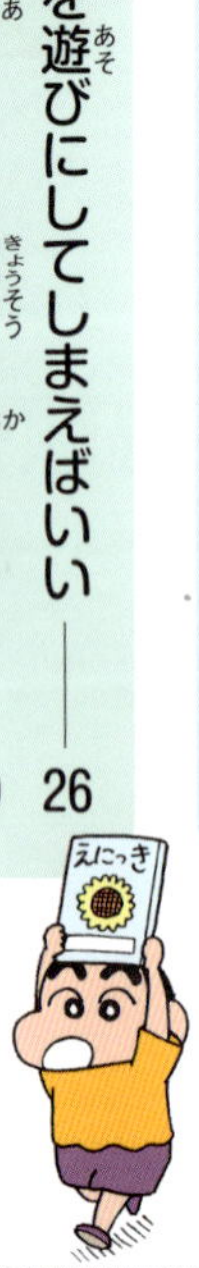

国語《こくご》がどんどん楽《たの》しくなる！

算数《さんすう》がどんどん楽《たの》しくなる！

理科《りか》がどんどん楽《たの》しくなる！

社会《しゃかい》がどんどん楽《たの》しくなる!

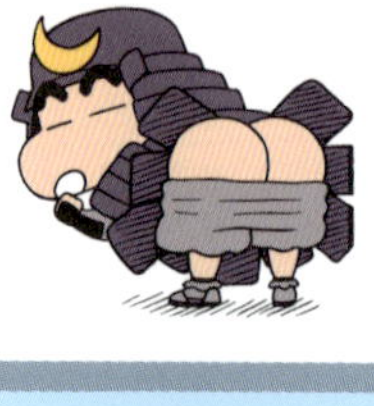

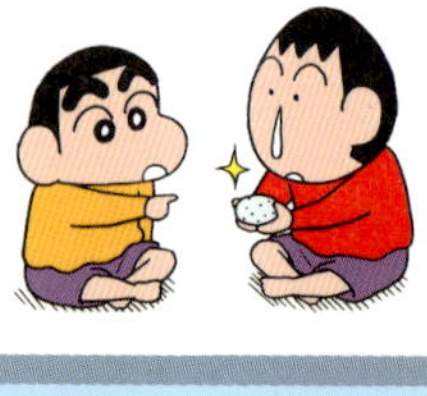

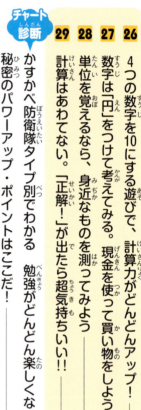

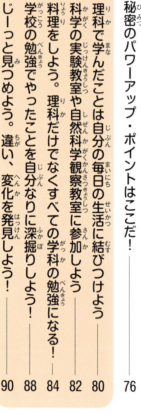

1

「なんだろう？」疑問《ぎもん》を持《も》つことが勉強《べんきょう》の始《はじ》まりだよ

勉強《べんきょう》って、テストで点数《てんすう》をとるためだけにするものじゃないんだよ。

「なぜ車《くるま》は動《うご》くんだろう？」「なぜ野《や》球《きゅう》は9回《かい》までなんだろう？」

ふと気《き》づいて、「あれっ!?」って思《おも》うことってあるよね。

「なぜだろう？」と興味《きょうみ》を持《も》つこと、その疑問《ぎもん》を解決《かいけつ》しようとすること。

それが勉強《べんきょう》の始《はじ》まり！

ひとつ知《し》れば、もっと知《し》りたくなる、それが勉強《べんきょう》の本質《ほんしつ》なんだ。

きみも疑問《ぎもん》を持《も》ったら、気軽《きがる》に周《まわ》りの人《ひと》に質問《しつもん》してみよう。ネットや図鑑《ずかん》、辞書《じしょ》で調《しら》べてもいい。

解決《かいけつ》できなくていいんだ。

「なぜだろう」が生《う》まれたら、大事《だいじ》にして、自分《じぶん》の頭《あたま》に残《のこ》しておく。一度《いちど》持《も》った疑問《ぎもん》を消《け》さないこと！

「知《し》りたい」ことをいっぱい作《つく》ろう。

勉強《べんきょう》はここから始《はじ》まるよ！

もしもしんのすけが年長組《ねんちょうぐみ》だったら

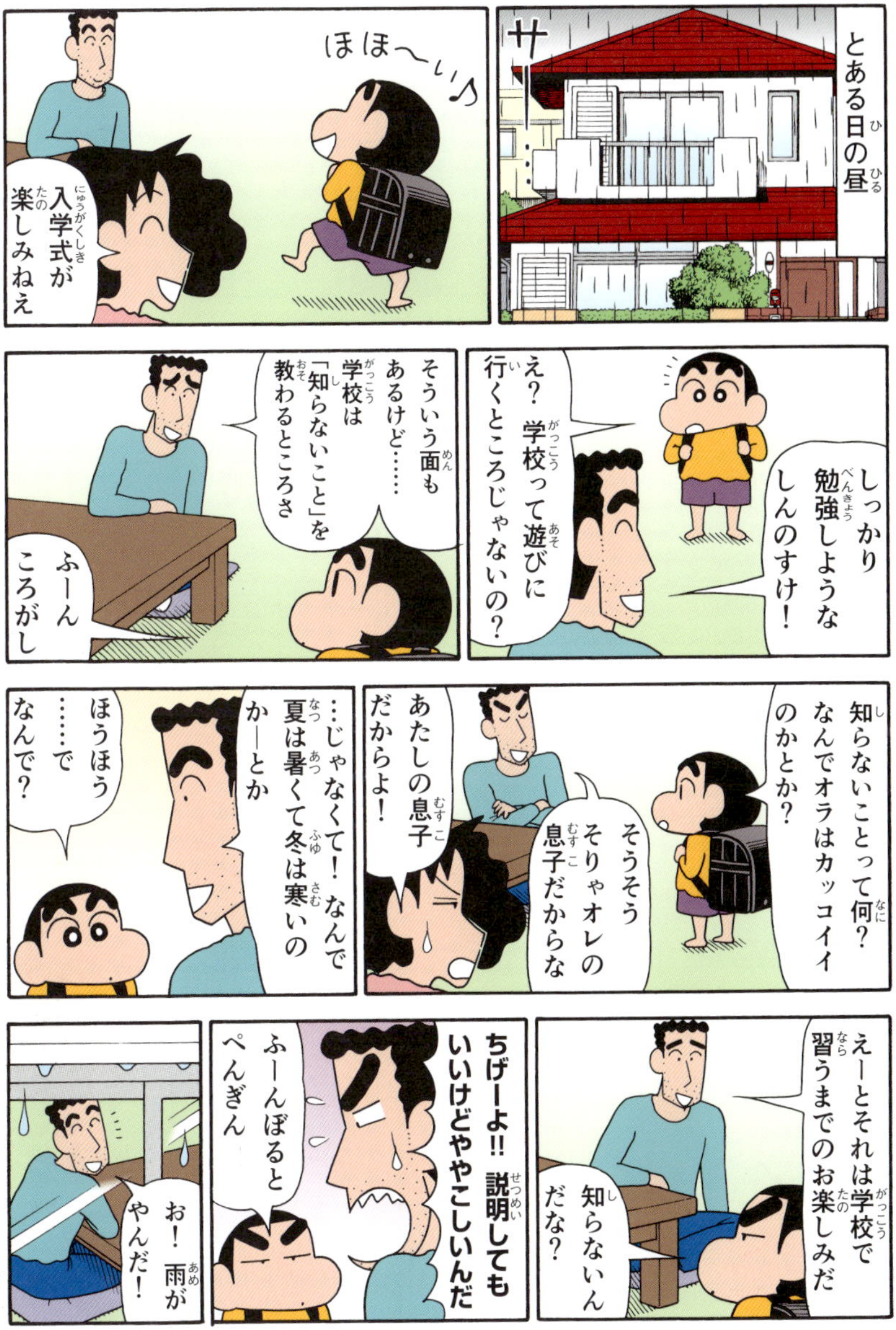

サー
とある日《ひ》の昼《ひる》
ほほ〜い♪
入学式《にゅうがくしき》が楽《たの》しみねえ
しっかり勉強《べんきょう》しようなしんのすけ!
え? 学校《がっこう》って遊《あそ》びに行《い》くところじゃないの?
そういう面《めん》もあるけど……学校《がっこう》は「知《し》らないこと」を教《おそ》わるところさ
ふーんころがし
知《し》らないことって何《なに》? なんでオラはカッコイイのかとか?
そうそうそりゃオレの息子《むすこ》だからな
あたしの息子《むすこ》だからよ!
…じゃなくて! なんで夏《なつ》は暑《あつ》くて冬《ふゆ》は寒《さむ》いのかーとか
ほうほう……でなんで?
えーとそれは学校《がっこう》で習《なら》うまでのお楽《たの》しみだ
知《し》らないんだな?
ちげーよ!! 説明《せつめい》してもいいけどややこしいんだ
ふーんぼるとぺんぎん
お! 雨《あめ》がやんだ!

←つづく

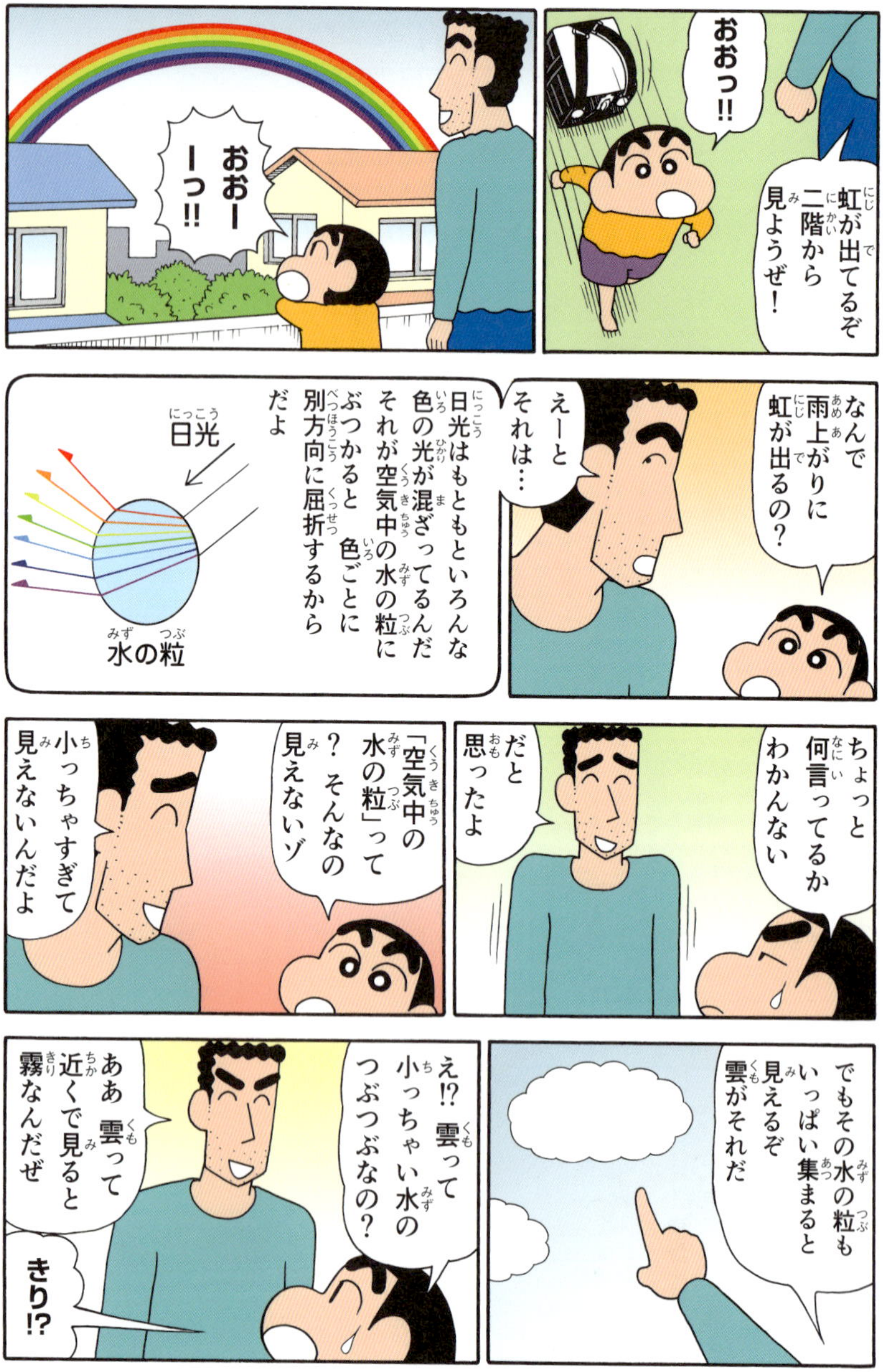
おおっ!!
虹《にじ》が出《で》てるぞ 二階《にかい》から見《み》ようぜ!
おおーーっ!!
なんで雨上《あめあ》がりに虹《にじ》が出《で》るの?
えーと それは…
日光《にっこう》はもともといろんな色《いろ》の光《ひかり》が混《ま》ざってるんだ それが空気中《くうきちゅう》の水《みず》の粒《つぶ》にぶつかると 色《いろ》ごとに別方向《べつほうこう》に屈折《くっせつ》するからだよ
日光《にっこう》
水《みず》の粒《つぶ》
ちょっと何言《なにい》ってるかわかんない
だと思《おも》ったよ
「空気中《くうきちゅう》の水《みず》の粒《つぶ》」って? そんなの見《み》えないゾ
小《ち》っちゃすぎて見《み》えないんだよ
でもその水《みず》の粒《つぶ》もいっぱい集《あつ》まると見《み》えるぞ 雲《くも》がそれだ
え!? 雲《くも》って小《ち》っちゃい水《みず》のつぶつぶなの?
ああ 雲《くも》って近《ちか》くで見《み》ると霧《きり》なんだぜ
きり!?

もしかして雲《くも》の上《うえ》って乗《の》れないの？
ほっほ〜い♪
ポヨン
ポヨン
残念《ざんねん》ながら乗《の》れねえよ
オラ知《し》りたくなかった…
ガッカリ
え⁉
知《し》らないこと知《し》ったら夢《ゆめ》がなくなるゾ
そんなことねえよ！知《し》れば楽《たの》しくなることいっぱいあるぞ！
たとえば？
たとえば？そうだな…
言葉《ことば》を知《し》れば本《ほん》が読《よ》めるから物知《ものし》りになれる
ほうほう
算数《さんすう》の勉強《べんきょう》でお金《かね》の計算《けいさん》もバッチリだ
ほうほう
そうなりゃ女《おんな》の子《こ》にモテモテだぜ英語《えいご》がわかれば海外《かいがい》にも行《い》ける！
おおっ‼
大《おお》きくなったら彼女《かのじょ》といっしょに海外《かいがい》旅行《りょこう》に行《い》けちゃうぜ
おおーオラ勉強《べんきょう》するー
早《はや》く学校《がっこう》行《い》きたいな〜♪
彼女《かのじょ》ができたらの話《はなし》だけどな…

2

「つまらない」「よくわからない」の下《した》に、宝物《たからもの》が眠《ねむ》っている！

「勉強《べんきょう》ってつまんない。むずい」二言《ふたこと》目《め》にはそんなことを言《い》って、勉強《べんきょう》しない言《い》い訳《わけ》してる人《ひと》、いないかな？

ゲームは、やってみなければ宝物《たからもの》はゲットできない。それに、簡単《かんたん》にはクリアできないから、燃《も》えるよね。そして、つまらなそうに見《み》えるところを開《あ》けたら重要《じゅうよう》アイテムが隠《かく》されていたりする。

「つまらない」「むずかしい」と思《おも》っているものこそ、「えっ！ なにこれ、おもしろい！」に大転換《だいてんかん》する可能性《かのうせい》があるってこと。

続《つづ》けてみなければおもしろさはわからない。勉強《べんきょう》もそうなんだ！

「なんかよくわからない」「つまらない」と思《おも》ったときはじつはチャンス。少《すこ》しがまんして続《つづ》けてみて。予想外《よそうがい》におもしろくなることがあるよ。新《あたら》しいステージが開《ひら》けるんだ！

「わかる」と世界《せかい》が変《か》わる

オラ デジタルの腕《うで》時計《どけい》がほしいゾ~ 買《か》って~
↖じぶんでかいた
小学生《しょうがくせい》になったらね
でもなんでデジタル?
・・・アナグロ時計《どけい》読《よ》めないから
・・・アナログね
コツがわかれば簡単《かんたん》よ よく見《み》てなさい……
えっ「分《ふん》」って「60分《ぷん》」までしかないの!? ど~しよ~
そうよ なんで?
↖つづく
↙つづき マサオくんにうそついちゃった…
いまねー10じ80ぷんだゾ
しんちゃんすごーい!
忘《わす》れてくれるわよ
1時間後《じかんご》
じゃこれは何時何分《なんじなんぷん》?
10時《じ》45分《ふん》
喜《よろこ》びの舞《まい》
できたー!! やったー!!
ドンドコ
ドンドコ
…でデジタル時計《どけい》がほしいんだっけ?
うぅん・・・アナグロ・時計《どけい》!! カッコイイから!
・・・アナログね

3 自分《じぶん》は「できる人《ひと》」だと思《おも》い込《こ》んでみよう！

勉強《べんきょう》が嫌《きら》いでも、きみはきっと、勉《べん》強《きょう》ができるようになったらいいなぁ！と思《おも》っているはず。

だから、もうこのさい、**「自分《じぶん》はやればデキる人《ひと》なんだ」と思《おも》い込《こ》もう。**少《すこ》しでも「できる」ように感《かん》じた体《たい》験《けん》を、思《おも》い出《だ》そう！

いい点《てん》をとったら、家《いえ》に貼《は》り出《だ》して何度《なんど》も眺《なが》めていい気分《きぶん》になろう。

車《くるま》の運転免許《うんてんめんきょ》をとるのも勉強《べんきょう》だし、**人《ひと》は一生勉強《いっしょうべんきょう》が必要《ひつよう》**なんだ。だから逃《に》げないで、楽《たの》しんだほうがラク。**「自分《じぶん》はできるんだ」と思《おも》い込《こ》んだもの勝《か》ち！**

じつは、テストでいい点《てん》をキープしている優等生《ゆうとうせい》たちも、みんなそう思《おも》い込《こ》んでいるから、がんばってテストの準備《じゅんび》をしているんだよ。

「勉強《べんきょう》ができない」人《ひと》なんていない。勉強《べんきょう》を始《はじ》めたばかり、なだけなんだ。

調子《ちょうし》に乗《の》ると力《ちから》が出《で》る

オラ将来大学《しょうらいだいがく》に行《い》くんだ〜!
なんで急《きゅう》に?
ななこお姉《ねえ》さんが通《かよ》ってるとこね
あそこ入《はい》るのはむずかしいぞ〜
オラ勉強《べんきょう》がんばるもん
はたして10年後《ねんご》までその気持《きも》ちが続《つづ》くかな〜?
……
せっかくやる気《き》になってたのに!!
しょぼん…
ゴメン つい…
↖つづく
↙つづき
しんのすけ! アンタはおバカだけどやればできる子《こ》よ!
「おバカだけど」?
この絵本自分《えほんじぶん》で作《つく》ったのよね?
うん だから?
ぶりぶりざいもんのぼうけん
5歳《さい》でこれが作《つく》れるなんてスゴイことよ!
アンタは天才《てんさい》!! やればできる子《こ》
おおっ!? 天才《てんさい》!?
ハッハッハッ
ワッ
ハッ…
オラはやればできる子《こ》!!
お調子者《ちょうしもの》でよかったわ…

4 勉強《べんきょう》している人《ひと》を見《み》て刺激《しげき》を受《う》けよう！

勉強《べんきょう》する気分《きぶん》になれないときは、人《ひと》が勉強《べんきょう》している姿《すがた》を見《み》てみよう。自習室《じしゅうしつ》のある図書館《としょかん》や児童館《じどうかん》に出《で》かけよう。静《しず》かに本《ほん》やノートを広《ひろ》げている人《ひと》たちを見《み》ていると、不思議《ふしぎ》と自分《じぶん》も机《つくえ》に向《む》かってみたくなる。

自分《じぶん》も宿題《しゅくだい》をやってみよう。緊張《きんちょう》するけど、はりきって勉強《べんきょう》できるはず。

脳科学《のうかがく》では、他《ほか》の人《ひと》の行動《こうどう》を見《み》ているだけで、自分《じぶん》がやっているように脳《のう》が働《はたら》き出《だ》すことがあるなど、大《おお》きな影《えい》響《きょう》を受《う》けることがわかっているよ。

勉強《べんきょう》している人《ひと》の画像《がぞう》を見《み》るだけでも、少《すこ》しやる気《き》になったりするんだ。

伝記《でんき》や、勉強《べんきょう》をがんばった人《ひと》の体験《たいけん》記《き》などを読《よ》むのもいい。

勉強《べんきょう》と研究《けんきゅう》に打《う》ち込《こ》んだマリー・キュリーや、コツコツと昆虫《こんちゅう》の観察《かんさつ》を続《つづ》けたファーブルの伝記《でんき》はおすすめだよ。読《よ》むだけで勉強《べんきょう》したくなってくる！

やる気《き》になる場所《ばしょ》

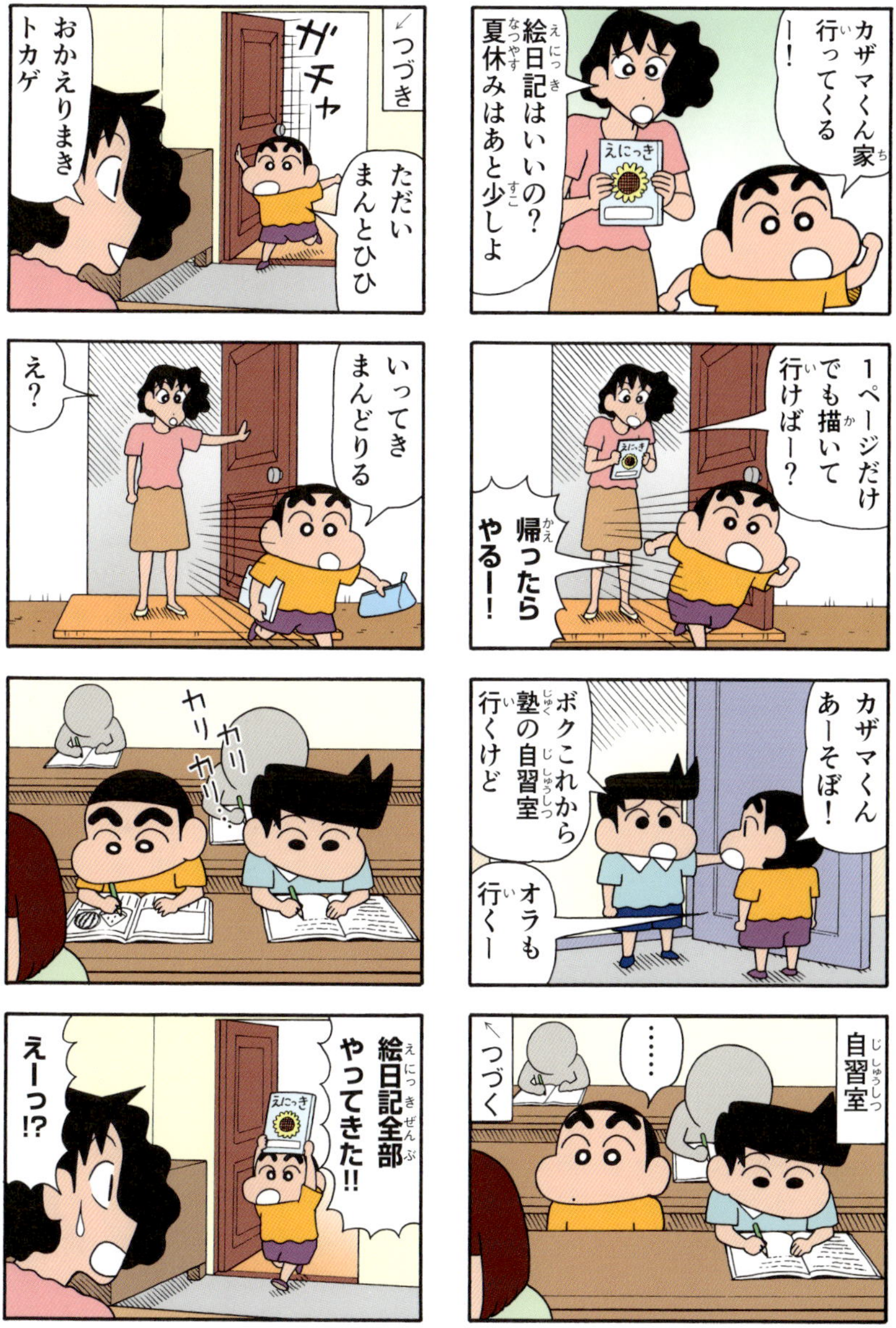
カザマくん家《ち》行《い》ってくるー！
絵日記《えにっき》はいいの？夏休《なつやす》みはあと少《すこ》しよ
1ページだけでも描《か》いて行《い》けばー？
帰《かえ》ったらやるー！
カザマくんあーそぼ！
ボクこれから塾《じゅく》の自習室《じしゅうしつ》行《い》くけど
オラも行《い》くー
自習室《じしゅうしつ》
……
↖つづく
↙つづき
ガチャ
ただいまんとひひ
おかえりまきトカゲ
いってきまんどりる
え？
カリ
カリカリ…
絵日記《えにっき》全部《ぜんぶ》やってきた!!
えーっ!?

勉強《べんきょう》するときの自分《じぶん》の「決《き》め」「お気《き》に入《い》り」をつくろう

家《いえ》ではどこで勉強《べんきょう》している？

自分《じぶん》の机《つくえ》でも、ダイニングテーブルでもいい。自分《じぶん》の決《き》まった勉強《べんきょう》コーナーをつくっておこう。

そうすれば、その場所《ばしょ》に座《すわ》ったときに、すぐに集中《しゅうちゅう》できるようになる。

夕《ゆう》ご飯《はん》の前《まえ》に宿題《しゅくだい》や復習《ふくしゅう》をするとか、場所《ばしょ》、時間《じかん》の「決《き》め」をつくっておけばいいんだ。勉強《べんきょう》にとりかかるのにあれこれ悩《なや》まず、習慣《しゅうかん》になって、すぐに集中《しゅうちゅう》できるはず。

毎日《まいにち》の漢字《かんじ》の練習《れんしゅう》だけ、家《いえ》に帰《かえ》って玄関《げんかん》で5分《ふん》やって、終《お》わったら遊《あそ》びに行《い》く！　なんていうのでもいいんだ。

お気《き》に入《い》りの文房具《ぶんぼうぐ》を用意《ようい》しておいて、それをいつも使《つか》うのもおすすめ。

あれこれコレクションしすぎると、どれを使《つか》うか迷《まよ》って集中《しゅうちゅう》できないから、数《かず》は増《ふ》やさないで「これ！」と決《き》まった物《もの》にするのがいいよ。

えんぴつしんちゃん～もしもしんのすけが小学生《しょうがくせい》だったら～

自分《じぶん》を楽《たの》しませよう

削《けず》ってもすぐ先《さき》が丸《まる》くなる～!!
イラ イラ イラ…
えんぴつってそうよね
シャーペン使《つか》えば？家《いえ》でならいいでしょ
これあげるから
オラのにしていいの!?
シールのよはくに絵《え》を描《か》いて～
切《き》り抜《ぬ》いて貼《は》って完成《かんせい》～！
使《つか》うのもったいなくなっちゃった
あは～♪
さっさと宿題《しゅくだい》やんなさい!!

場所《ばしょ》を変《か》えてみよう

さて！宿題《しゅくだい》やるか
30分後《ぷんご》
あれ？漫画《まんが》描《か》いてるの？
ハッ
ここに座《すわ》ると「漫画《まんが》モード」になっちゃって…
場所《ばしょ》を変《か》えてみたら？
うん！ここのほうが集中《しゅうちゅう》できる
トン トン トン
ママの目《め》があるからかね

6 「へぇ～」「わかった」「できた」をゲットしていこう

楽器《がっき》で新《あたら》しい曲《きょく》が弾《ひ》けるようになったとき。サッカーでリフティングができるようになったとき。うれしいよね。それは、昨日《きのう》できなかったことが今日《きょう》はできたからなんだ。

勉強《べんきょう》もそれといっしょだよ。なんとなくやっていたら、自分《じぶん》が何《なに》もゲットしていないからおもしろくない。

むずかしい問題《もんだい》が「わかった！」とき。初《はじ》めて見《み》た虫《むし》を図鑑《ずかん》で調《しら》べて「へぇ～！」と思《おも》ったこと。

勉強《べんきょう》で一番《いちばん》の喜《よろこ》びは、友《とも》だちよりいい点《てん》をとれたときじゃない。自分《じぶん》が「できた」「わかった」とき。そして自《じ》分《ぶん》が成長《せいちょう》したことに気《き》づいたときなんだ。

昨日《きのう》までわからなかったことを、「へぇ～」「わかった」「できた」でゲットしていこう。「できた！」は次《つぎ》のやる気《き》につながっていくよ！

「知《し》ること」っておもしろい

ひろしの実家《じっか》
おーっ小学校《しょうがっこう》の教科書《きょうかしょ》!見《み》てもいい?
いいよ
あおい そら しろい くも……
へー!しんのすけ読《よ》めるんだすごいじゃん
漢字《かんじ》は読《よ》めないゾ これなんて読《よ》むの?
「やま」だよ
実際《じっさい》の山《やま》の形《かたち》に似《に》せてできたんだって
山
おお本当《ほんとう》だ似《に》てる!
つづく
つづき
「川《かわ》」もこんな感《かん》じ
川
絵《え》みたい!! おもしろーい♪
田《た》んぼの「田《た》」も形《かたち》からできた
田
おー!! もっと教《おし》えて!!
「母《はは》」っていう字《じ》もそうなのよ……
サラ サラ
これおっぱいに似《に》てるー!!
ホントだ にてる!
覚《おぼ》えやすいでしょ

勉強《べんきょう》気分《きぶん》を盛《も》り上《あ》げよう！

7

友《とも》だちとがんばれば勉強《べんきょう》は一気《いっき》に楽《たの》しくなる

いやな宿題《しゅくだい》、めんどくさい宿題《しゅくだい》は、友《とも》だちといっしょにやろう。

友《とも》だちといっしょにやって、お互《たが》いの目《め》を意識《いしき》してみよう。意外《いがい》とそんなことで「ちゃんとやらなきゃ」とがんばれたりするものなんだ。

宿題《しゅくだい》やテストがバッチリできたときは、友《とも》だち同士《どうし》で「V《ブイ》サイン出《だ》す」なんて決《き》めておくのもいい。ただし、「いっしょに怠《なま》けようよ」

という誘《さそ》いにのっちゃだめだよ。

自分《じぶん》より勉強《べんきょう》のできる友《とも》だちといっしょなら最高《さいこう》だけど、あまり勉強《べんきょう》が好《す》きじゃないお友《とも》だちなら、きみがリードして、友《とも》だちがわからないところも教《おし》えてあげるようにすればいい。

教《おし》えてあげることって、じつは最高《さいこう》の勉強《べんきょう》になる。今日《きょう》の授業《じゅぎょう》の話《はなし》を繰《く》り返《かえ》して友《とも》だちにするだけで、復習《ふくしゅう》になっちゃうんだ！

えんぴつしんちゃん〜もしもしんのすけが小学生《しょうがくせい》だったら〜

人《ひと》に教《おし》えてみよう

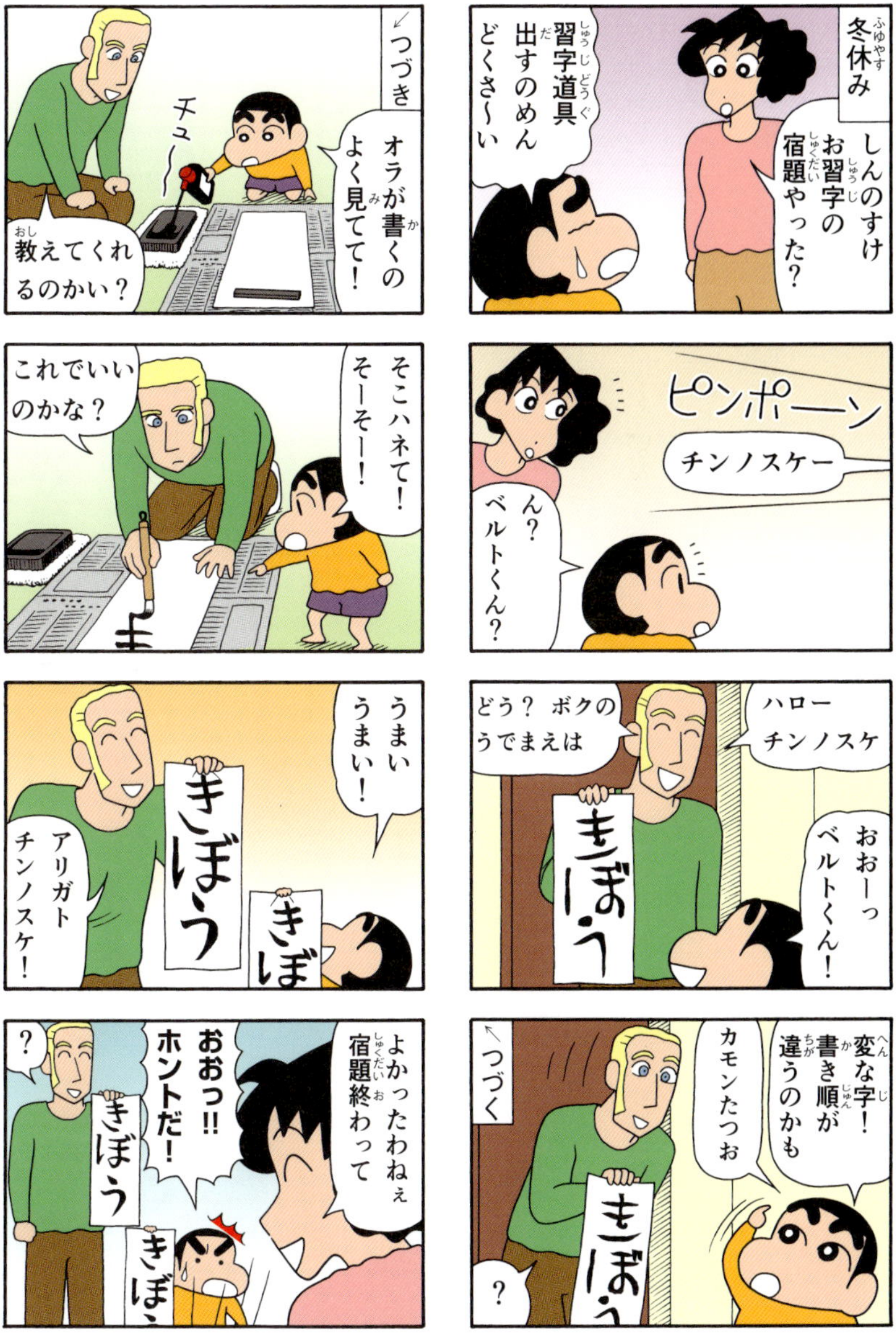
冬休《ふゆやす》み
しんのすけお習字《しゅうじ》の宿題《しゅくだい》やった？
習字道具《しゅうじどうぐ》出《だ》すのめんどくさ〜い
ピンポーン
チンノスケー
ん？ベルトくん？
ハローチンノスケ
どう？ ボクのうでまえは
きぼう
おおーっベルトくん！
変《へん》な字《じ》！書《か》き順《じゅん》が違《ちが》うのかも
カモンたつぉ
？
きぼう
つづく
つづき
オラが書《か》くのよく見《み》てて！
チュ〜〜
教《おし》えてくれるのかい？
そこハネて！そーそー！
これでいいのかな？
うまいうまい！
アリガトチンノスケ！
きぼう
きぼ
よかったわねぇ宿題《しゅくだい》終《お》わって
おおっ!!ホントだ！
？
きぼう
きぼ

※横書《よこが》きは英語《えいご》だよ

ゲーム大好《だいす》き！　それなら勉強《べんきょう》を遊《あそ》びにしてしまえばいい

ゲームは好《す》きだけど、勉強《べんきょう》は嫌《きら》い？

でも、**ゲーム好《ず》きなら、絶対勉強《ぜったいべんきょう》も好《す》きになれる素質《そしつ》あり！**

じつは、東大《とうだい》などに行《い》く秀才《しゅうさい》は、ゲーム好《ず》きな人《ひと》が多《おお》いよ。勉強《べんきょう》もゲームのように遊《あそ》び感覚《かんかく》でやっていて、勉強《べんきょう》が楽《たの》しくてしかたないわけなんだ。

ワクワクしながら勉強《べんきょう》すれば、記憶《きおく》力《りょく》もアップする。成果《せいか》が上《あ》がるから、ますます勉強《べんきょう》が楽《たの》しくなる。

勉強《べんきょう》ができる人《ひと》の秘密《ひみつ》は、勉強《べんきょう》と遊《あそ》びの境目《さかいめ》がない、ってことなんだ！

きみも、勉強《べんきょう》を遊《あそ》びにしてしまおう。

やり方《かた》は簡単《かんたん》、日本《にほん》の都道府県《とどうふけん》のパズルや、算数《さんすう》の勉強《べんきょう》になるゲームなど、遊《あそ》びながら学《まな》べるものを使《つか》うこと。

勉強《べんきょう》をゲームにしてしまうための工夫《くふう》を、この本《ほん》ではいろいろ紹介《しょうかい》しているよ！　できそうなものからどんどんやってみよう。

遊《あそ》ぶことは学《まな》ぶこと

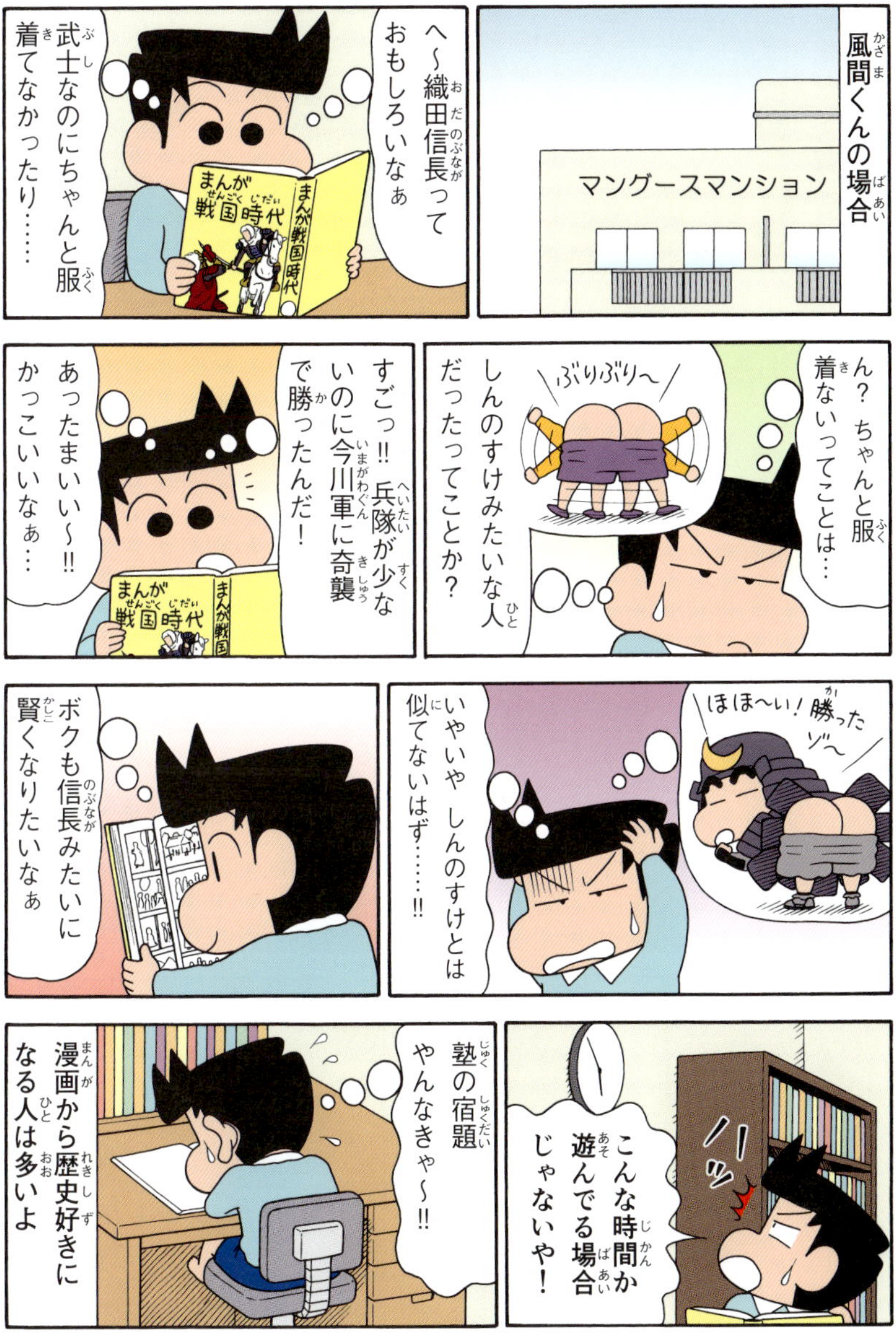

風間《かざま》くんの場合《ばあい》
マングースマンション
へ～織田信長《おだのぶなが》って おもしろいなぁ
武士《ぶし》なのにちゃんと服《ふく》 着《き》てなかったり……
まんが戦国時代《せんごくじだい》
ん? ちゃんと服《ふく》着《き》ないってことは…
ぶりぶり～
しんのすけみたいな人《ひと》だったってことか?
すごっ!! 兵隊《へいたい》が少《すく》ないのに今川軍《いまがわぐん》に奇襲《きしゅう》で勝《か》ったんだ!
あったまいい～!! かっこいいなぁ…
ほほ～い! 勝《か》ったゾ～
いやいや しんのすけとは似《に》てないはず……!!
ボクも信長《のぶなが》みたいに賢《かしこ》くなりたいなぁ
ハッ
こんな時間《じかん》か 遊《あそ》んでる場合《ばあい》じゃないや!
塾《じゅく》の宿題《しゅくだい》やんなきゃ～!!
漫画《まんが》から歴史《れきし》好《ず》きになる人《ひと》は多《おお》いよ

↑つづく

ボーちゃんの場合《ばあい》
なんて言《い》うんだっけ？ その石《いし》
花《か》こう岩《がん》
きれいだなぁ
墓石《はかいし》に使《つか》われる御影石《みかげいし》にもちょっと似《に》てるよな
花《か》こう岩《がん》と御影石《みかげいし》は同《おな》じ物《もの》
です
えっ そうなの？
花《か》こう岩《がん》はマグマがゆっくり冷《ひ》えて固《かた》まった物《もの》で……
まグマ？
ま
……物知《ものし》りだねぇ…
好《す》きなことにはまるとどんどん知識《ちしき》が増《ふ》える
しんのすけ・マサオ・ネネの場合《ばあい》
新作漫画《しんさくまんが》できた！
オラも新作絵本《しんさくえほん》できた！
見《み》せっこしよ～
ピンポーン
ネネちゃん来《き》たよ～
お！
やあ！

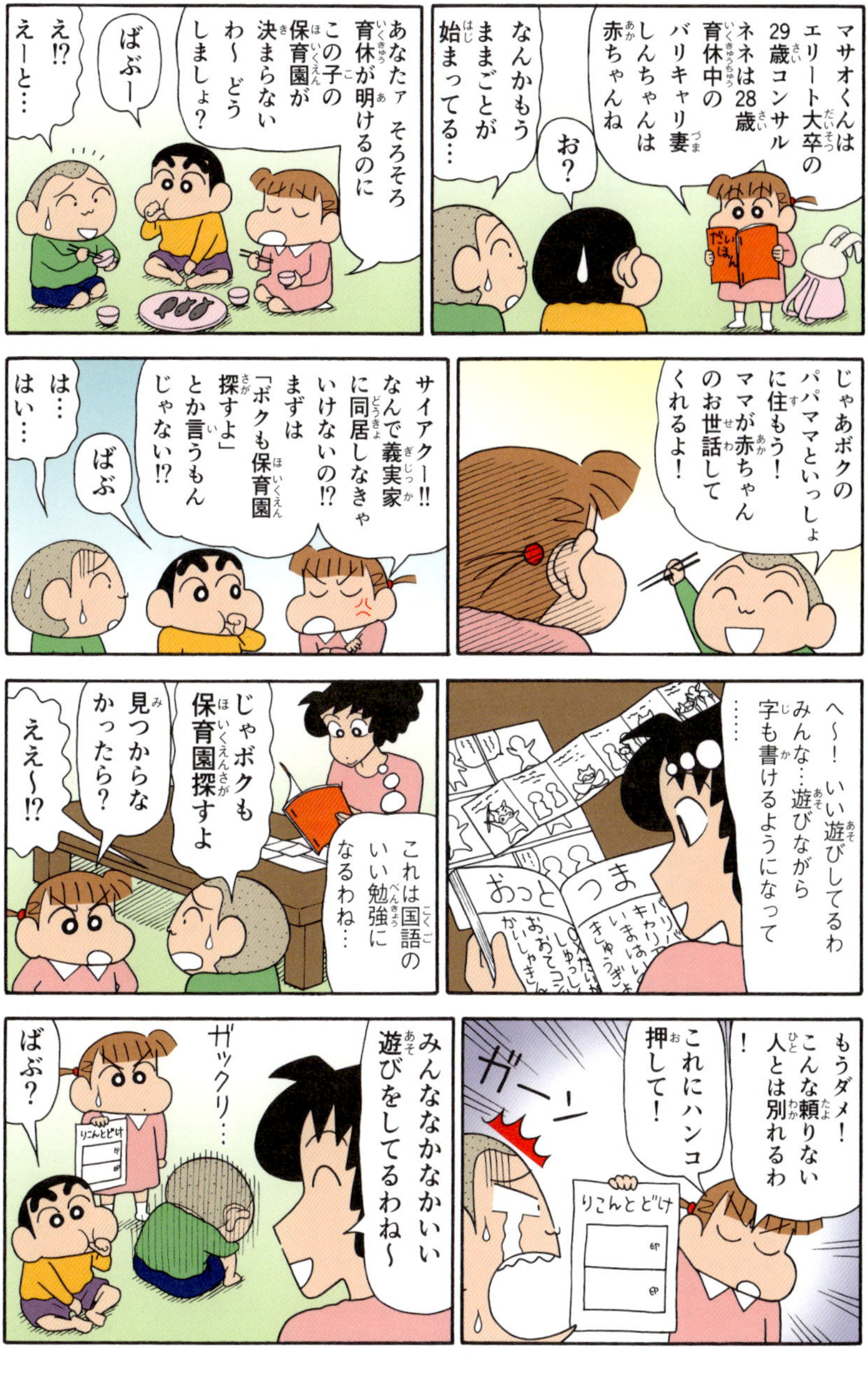
マサオくんはエリート大卒《だいそつ》の29歳《さい》コンサルネネは28歳《さい》育休中《いくきゅうちゅう》のバリキャリ妻《づま》しんちゃんは赤《あか》ちゃんね
お？
なんかもうままごとが始《はじ》まってる…
あなたァ そろそろ育休《いくきゅう》が明《あ》けるのにこの子《こ》の保育園《ほいくえん》が決《き》まらないわ～ どうしましょ？
ばぶー
え!? えーと…
じゃあボクのパパママといっしょに住《す》もう！ママが赤《あか》ちゃんのお世話《せわ》してくれるよ！
サイアクー!! なんで義実家《ぎじっか》に同居《どうきょ》しなきゃいけないの!? まずは「ボクも保育園《ほいくえん》探《さが》すよ」とか言《い》うもんじゃない!?
ばぶ
は…はい…
へ～！いい遊《あそ》びしてるわ みんな…遊《あそ》びながら字《じ》も書《か》けるようになって……
おっと
つま
これは国語《こくご》のいい勉強《べんきょう》になるわね…
じゃボクも保育園探《ほいくえんさが》すよ
見《み》つからなかったら？
ええ～!?
もうダメ！こんな頼《たよ》りない人《ひと》とは別《わか》れるわ！
これにハンコ押《お》して！
ガーン
りこんとどけ
印
印
みんななかなかいい遊《あそ》びをしてるわね～
ガックリ…
ばぶ？
りこんとどけ

言《い》われる前《まえ》に勉強《べんきょう》、急《いそ》げ！ お母《かあ》さんとの競争《きょうそう》に勝《か》てるかな

「勉強《べんきょう》しなさい」って、お母《かあ》さんにうるさく言《い》われたら、それだけでやる気《き》がなくなるよね。

　それなら、お母《かあ》さんに言《い》われる前《まえ》に、自分《じぶん》で決《き》めて、自分《じぶん》でやれば、ウキウキワクワクする。ほんとだよ！

　させられるとイヤ、自分《じぶん》からやれば楽《たの》しいのが勉強《べんきょう》ってものなんだ。

　まず、自分《じぶん》で始《はじ》めること。勉強計画《べんきょうけいかく》を立《た》てて、やることを決《き》めること。家《か》族《ぞく》の前《まえ》で「○○をやるぞ！」と声《こえ》に出《だ》して宣言《せんげん》するだけでもいい。

　そして、お母《かあ》さんに言《い》われる前《まえ》に計《けい》画《かく》を実行《じっこう》できたら、きみの勝《か》ち！

　医学部《いがくぶ》に行《い》きたいから勉強《べんきょう》、早《はや》くゲームで遊《あそ》びたいから勉強《べんきょう》、理由付《りゆうづ》けはなんでもいい。

　自分《じぶん》で勉強《べんきょう》を始《はじ》めることができれば、そんな自分《じぶん》に自信《じしん》がついてくる。自然《しぜん》に勉強《べんきょう》も楽《たの》しくなってくるものなんだ。

えんぴつしんちゃん〜もしもしんのすけが小学生《しょうがくせい》だったら〜

親子《おやこ》ゲーム

早《はや》く宿題《しゅくだい》やんなさいよ！
あ〜あそんなこと言《い》われたらやる気《き》なくなっちゃう！
言《い》われなくてもやる気《き》ないくせに……
いいからやんなさい!!
ブツ
ブツ
ブツ…
やっと終《お》わった〜！
お疲《つか》れさま〜
ねぇしんちゃん明日《あした》からこんなゲームやんない？
つづく
つづき
夕方《ゆうがた》6時《じ》にママが「宿題《しゅくだい》やりなさい」って言《い》うね
それを言《い》わせなければしんちゃんに1点《てん》 言《い》わせたらママに1点《てん》
ほうほう
10点先《てんさき》に取《と》った人《ひと》が勝《か》ちね
負《ま》けたほうはなんでも1つ相手《あいて》の言《い》うことを聞《き》くこと！
ガッテンショーチオーターニショーへー
そして2週間後《しゅうかんご》
なぬ!? 6時《じ》5分前《ふんまえ》に始《はじ》めおった……！
ばばっ
しんのすけ10点先取《てんせんしゅ》！
なんでも言《い》うこと聞《き》くんだよね？じゃこれからずっと「宿題《しゅくだい》やりなさい」って言《い》わないこと！
くっそ〜！やられた…

遊《あそ》ぶように勉強《べんきょう》しよう！

10 勉強《べんきょう》の中《なか》に好《す》きな部分探《ぶぶんさが》し、おもしろ探《さが》しをしよう

苦手《にがて》な教科《きょうか》ってあるよね。

でも、苦手意識《にがていしき》って、とっても損《そん》なものなんだ。

ちょっとだけでも、好《す》きな部分《ぶぶん》、おもしろい部分《ぶぶん》を見《み》つけよう。

計算《けいさん》は大嫌《だいきら》いだけど、図形《ずけい》の問題《もんだい》は考《かんが》えるのがおもしろい。理科《りか》は嫌《きら》いだけど、生《い》き物《もの》の観察《かんさつ》は好《す》き。

そんなふうに、自分《じぶん》の好《す》きな部分《ぶぶん》をしぼって、そこだけ**集中《しゅうちゅう》して勉強《べんきょう》してみよう**。意外《いがい》に「得意《とくい》」に変《か》わっていくことがあるよ。

そもそも、**苦手意識《にがていしき》って思《おも》い込《こ》みのことも多《おお》い**んだ。得意不得意《とくいふとくい》は自分《じぶん》では案外《あんがい》わからなかったりするもの。

小学校時代《しょうがっこうじだい》に計算《けいさん》が大嫌《だいきら》いでも、中《ちゅう》学《がく》になってから数学《すうがく》が好《す》きになり、得《とく》意《い》になる人《ひと》も多《おお》い。

進路《しんろ》を的確《てきかく》に選《えら》ぶためにも、苦手《にがて》と決《き》めつけないことが大事《だいじ》だよ。

楽《たの》しいことを見《み》つけよう

コラーッ しんのすけ!!
だーーーっ
バサッ
おお!? オサムくん何《なに》してんの？
こっちのセリフだよしんのすけ！
おっ お絵《え》かきしてるの？
苦手《にがて》な図工《ずこう》の宿題《しゅくだい》だよ
ヘタだから見《み》ないで！
全然《ぜんぜん》ヘタじゃないゾ
色《いろ》を付《つ》ければもっとよくなる
……そうかな？
つづく
つづき
これ使《つか》ってみれば
花《か》だんの花《はな》全部《ぜんぶ》取《と》って色水《いろみず》作《つく》ったの
だから逃《に》げて来《き》たのか…
わお！いい色《いろ》！
緑《みどり》のとこ本物《ほんもの》の葉《は》っぱこすってみよー
あいたところは絵《え》の具《ぐ》使《つか》えば
周《まわ》りに合《あ》わせて薄《うす》めの色《いろ》で……
夜《よる》
まぁ抽象画《ちゅうしょうが》？オサムちゃんワンダフォー よン んふ
初《はじ》めて絵《え》を描《か》くの楽《たの》しいと思《おも》ったよママ

遊《あそ》ぶように勉強《べんきょう》しよう！

11 声《こえ》を出《だ》して楽《たの》しく歌《うた》って耳《みみ》で聞《き》いて覚《おぼ》えちゃおう

九九《くく》や、都道府県《とどうふけん》と県庁所在地《けんちょうしょざいち》など、暗記《あんき》がめんどうなことは歌《うた》で覚《おぼ》えてみよう！

歌《うた》なら、苦《く》もなく、遊《あそ》びながら覚《おぼ》えることができるんだ。

CD《シーディー》でさまざまな教材《きょうざい》が発売《はつばい》されているし、ネットをさがせばYouTube《ユーチューブ》などですぐ見《み》つかる。

目《め》だけで読《よ》むより、耳《みみ》で聞《き》いて、口《くち》を使《つか》って歌《うた》うことで、ばつぐんに記憶《きおく》に残《のこ》りやすくなる。もちろん、体《からだ》を使《つか》って踊《おど》りも入《い》れたらもっと効果的《こうかてき》！

「勉強《べんきょう》のために暗記《あんき》」と思《おも》うとむずかしいけど、毎日《まいにち》朝《あさ》着替《きが》えをしているときなどにいつも聞《き》くようにすると、いつのまにか覚《おぼ》えられちゃうよ。

なかなか覚《おぼ》えられないことがあったら、自分《じぶん》で替《か》え歌《うた》を作《つく》るのもおもしろい！　傑作《けっさく》を作《つく》って友《とも》だちに披露《ひろう》してみよう！

ずっと忘《わす》れない

くさっ!!
なんでこんなところにパパのくつ下《した》があるのよ!?
洗濯機《せんたくき》に入《い》れてって言《い》ってるでしょ!!
ごめんごめん忘《わす》れてた
♪父《とう》ちゃーんが母《かあ》ちゃんにーしからーれーた~♪
「赤《あか》とんぼ」か
変《へん》な替《か》え歌《うた》作《つく》んなよ
1カ月後《げつご》
♪せんたくきにくつし~たを入《い》れないか~ら~♪
もう忘《わす》れてくれよ~! オレちゃんとするから~

歌《うた》で覚《おぼ》えよう

♪ミーヤギ ヤーマガタ フークシマケ~ン♪
オー! 日本《にほん》の都道《とどう》府県《ふけん》の歌《うた》だって! いい勉強《べんきょう》になるな
カーナガーワ ケ~ン♪
ベルトくん何《なに》その歌《うた》?
Let's sing! ※ チンノスケ
ミーエ・ナーラ オーサカ♪
ワーカヤーマ ケ~ン♪
♪カーゴシ~マ オーキナーワ ケ~ン♪
5歳《さい》なのによく知《し》ってるなぁ!
意味《いみ》はわかってないのよ

※歌《うた》おう

遊《あそ》ぶように勉強《べんきょう》しよう！

12

勉強《べんきょう》ポイントをためて やる気《き》もりもりアップ！

買《か》い物《もの》のときにスタンプを押《お》してくれるポイントカード。それと同《おな》じように勉強《べんきょう》ポイント表《ひょう》を作《つく》って、勉強《べんきょう》をポイント制《せい》にしてみよう。そのカードを全部《ぜんぶ》埋《う》めることが目標《もくひょう》になるよ。

「漢字《かんじ》ワーク」「計算《けいさん》ドリル」「音読《おんどく》」毎日《まいにち》出《で》る宿題《しゅくだい》のわくを作《つく》って、宿題《しゅくだい》をやったら、星印《ほしじるし》を書《か》いたり、マス目《め》を蛍光《けいこう》ペンで塗《ぬ》って埋《う》めていくんだ。

早《はや》くためたいときは、自分《じぶん》でドリルの復習《ふくしゅう》をしたり、漢字《かんじ》テストの勉強《べんきょう》をしたりしてポイントをためよう。

「30コたまったら好《す》きなだけゲームができる！」とか、目標《もくひょう》とごほうびを決《き》めておこう。

ポイント表《ひょう》を見《み》せて家族《かぞく》にアピールすれば、家族《かぞく》もほめてくれる。

でも、誰《だれ》もほめてくれなくても、わくが埋《う》まっていくのを自分《じぶん》で毎日《まいにち》見《み》るだけで、すごくうれしいはずだよ。

えんぴつしんちゃん〜もしもしんのすけが小学生《しょうがくせい》だったら〜

喜《よろこ》びを増《ふ》やす方法《ほうほう》

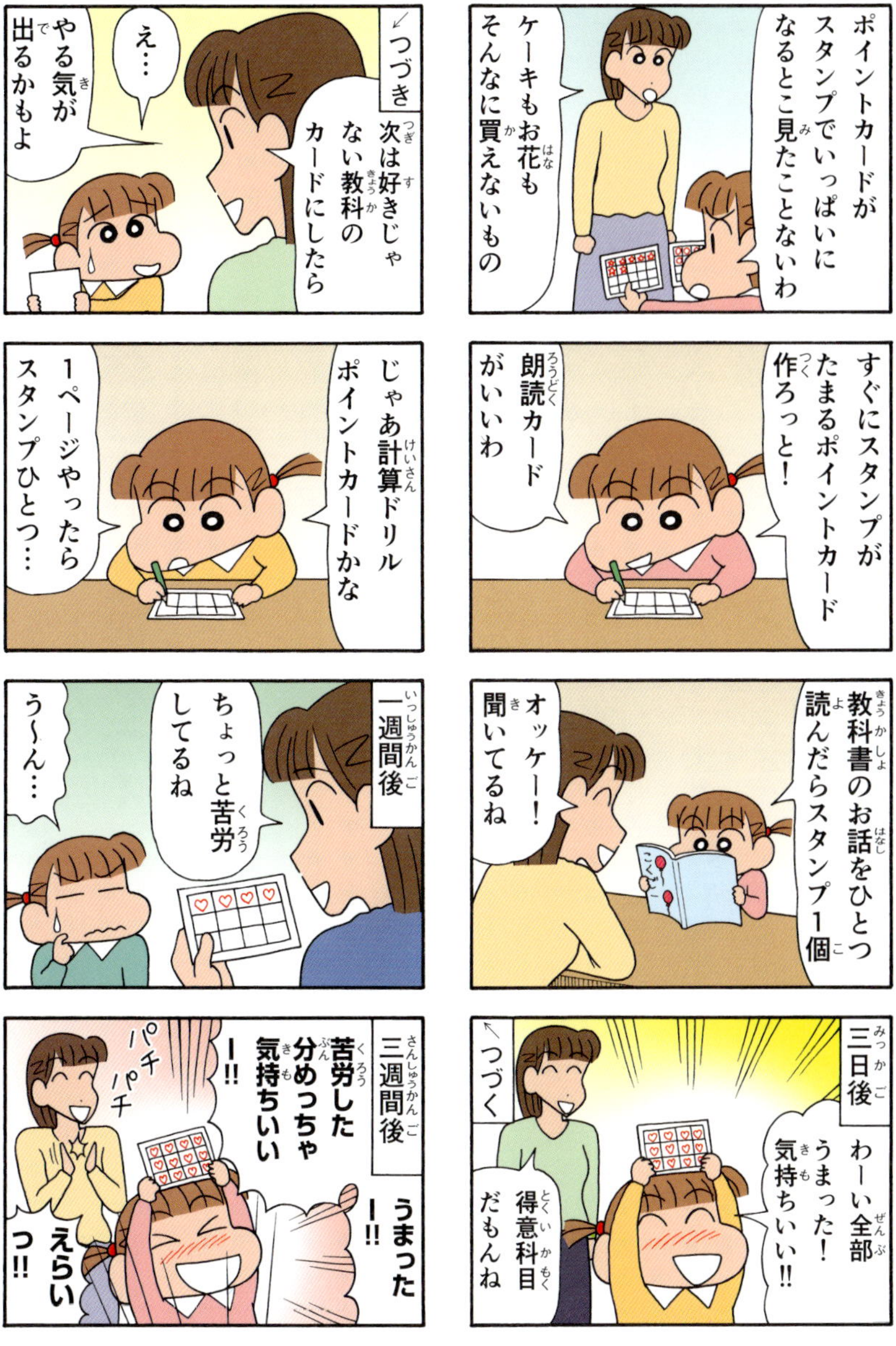

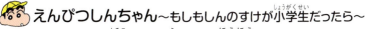

13

一定期間《いっていきかん》「ハマって」みよう 熱中体験《ねっちゅうたいけん》をしてみよう！

勉強《べんきょう》って、学校《がっこう》で習《なら》ったことをやるだけじゃない。自分《じぶん》で興味《きょうみ》を持《も》って、「やってみたい！」とチャレンジして熱中《ねっちゅう》することも勉強《べんきょう》だよ。もしかしたら、そっちのほうが本物《ほんもの》の勉強《べんきょう》かも。

泥《どろ》だんご作《づく》りを極《きわ》める。海外《かいがい》のサッカー選手《せんしゅ》を研究《けんきゅう》。お菓子作《かしづく》り……。「やりたい！」と思《おも》い立《た》ったら、「今《こん》週《しゅう》は泥《どろ》だんご強化週間《きょうかしゅうかん》！」と自分《じぶん》で決《き》めて実行《じっこう》してみる。

ノートを作《つく》ったり、どこまでできたか誰《だれ》かに話《はな》したりして、「ハマった」成果《せいか》を記録《きろく》したり、知《し》らせたりすることができたら、ますます楽《たの》しくなる。

学校《がっこう》の先生《せんせい》に言《い》われてないし、誰《だれ》にも頼《たの》まれてないけど、自分自身《じぶんじしん》がおもしろくてたまらないことをやろう。

まずは三日間熱中《みっかかんねっちゅう》、集中《しゅうちゅう》してやってみよう。将来自分《しょうらいじぶん》がやりたいことを見《み》つけるヒントになるかもしれないよ。

好《す》きなことにはまってみよう

あら！しんちゃん
ななこおねいさん！
お友《とも》だち？
うん
お名前《なまえ》は？
ボーです
趣味《しゅみ》は石集《いしあつ》めです
幼稚園生《ようちえんせい》なのに趣味《しゅみ》があるの？大人《おとな》っぽいね
えっ
オラだって！オラの趣味《しゅみ》はねー
無理《むり》に作《つく》らなくても
↖つづく

↙つづき
ごめんね今夜《こんや》はおネギないのよ
おっ⁉じゃあ…おネギ以外《いがい》で納豆《なっとう》に合《あ》う物《もの》探《さが》してみよっと
おお！ゴマとゴマ油《あぶら》いいゾ！
キムチも合《あ》うわよ辛《から》いけど
そして…
ふむふむ…
もぐもぐ
こんなにいろいろ納豆《なっとう》と合《あ》うとは思《おも》わなかったゾ
マヨネーズ
ケチャップ
しんちゃんすごーい！納豆《なっとう》ハカセね
ためしてみたーい
えっへん‼

14 長時間勉強《ちょうじかんべんきょう》しないこと 勉強《べんきょう》する時間《じかん》は短《みじか》く！

勉強《べんきょう》って、長時間《ちょうじかん》机《つくえ》の前《まえ》に座《すわ》っていればいいわけじゃないよ。

勉強《べんきょう》は短時間集中《たんじかんしゅうちゅう》でやろう！ 案外《あんがい》、必要《ひつよう》な勉強《べんきょう》は短《みじか》い時間《じかん》でできちゃうものなんだ。

集中《しゅうちゅう》して楽《たの》しくやるには、細切《こまぎ》れ勉強《べんきょう》をするといいよ。

漢字《かんじ》の問題《もんだい》を3字分《じぶん》書《か》いたら、計算《けいさん》、問題《もんだい》3問《もん》、次《つぎ》は漢字《かんじ》3字分《じぶん》のワーク。あきずにできるし、前《まえ》の勉強《べんきょう》に戻《もど》るたびにさっきの勉強《べんきょう》を軽《かる》く復習《ふくしゅう》することになる。リフレッシュしながら記憶《きおく》を定着《ていちゃく》させることにもつながるんだ。

たま～にまとめて勉強《べんきょう》しても、次《つぎ》の日《ひ》勉強《べんきょう》しなければ全部忘《ぜんぶわす》れてしまう。勉強《べんきょう》は毎日《まいにち》ちょこちょこするのが一番成果《いちばんせいか》が上《あ》がるんだ！

そうそう、勉強《べんきょう》するときはスマホやゲームは見《み》えないところに隠《かく》すこと。これは鉄則《てっそく》だよ。

短時間《たんじかん》でも効果《こうか》ある

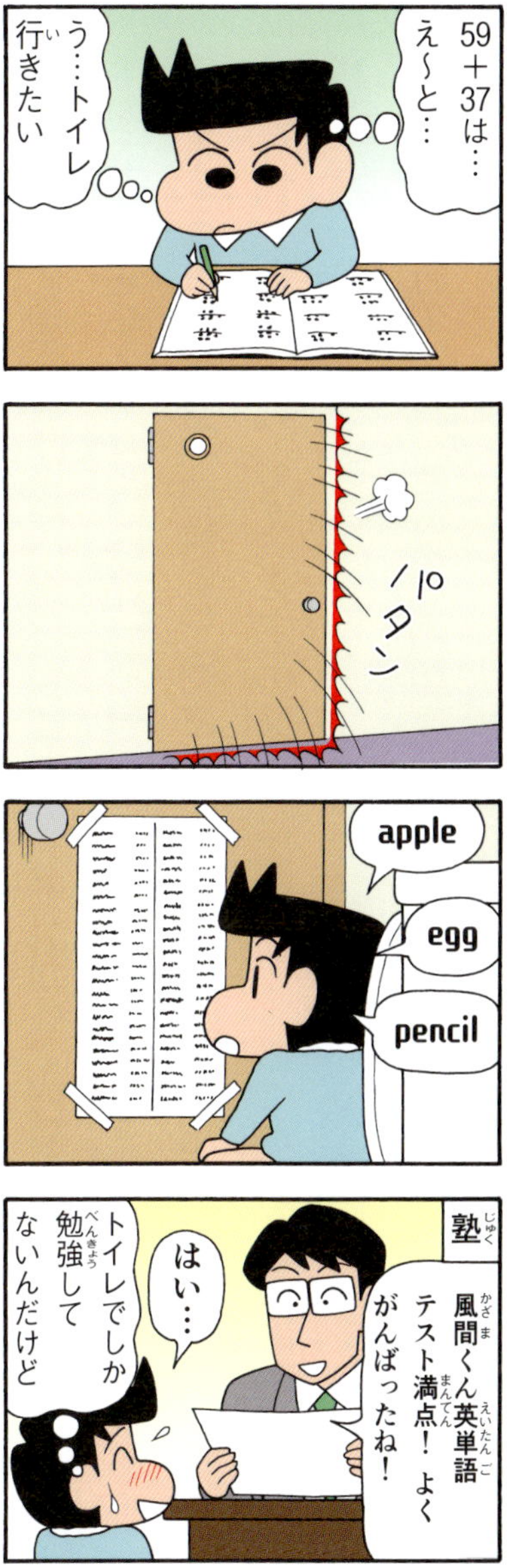

自分《じぶん》に向《む》いている方法《ほうほう》で

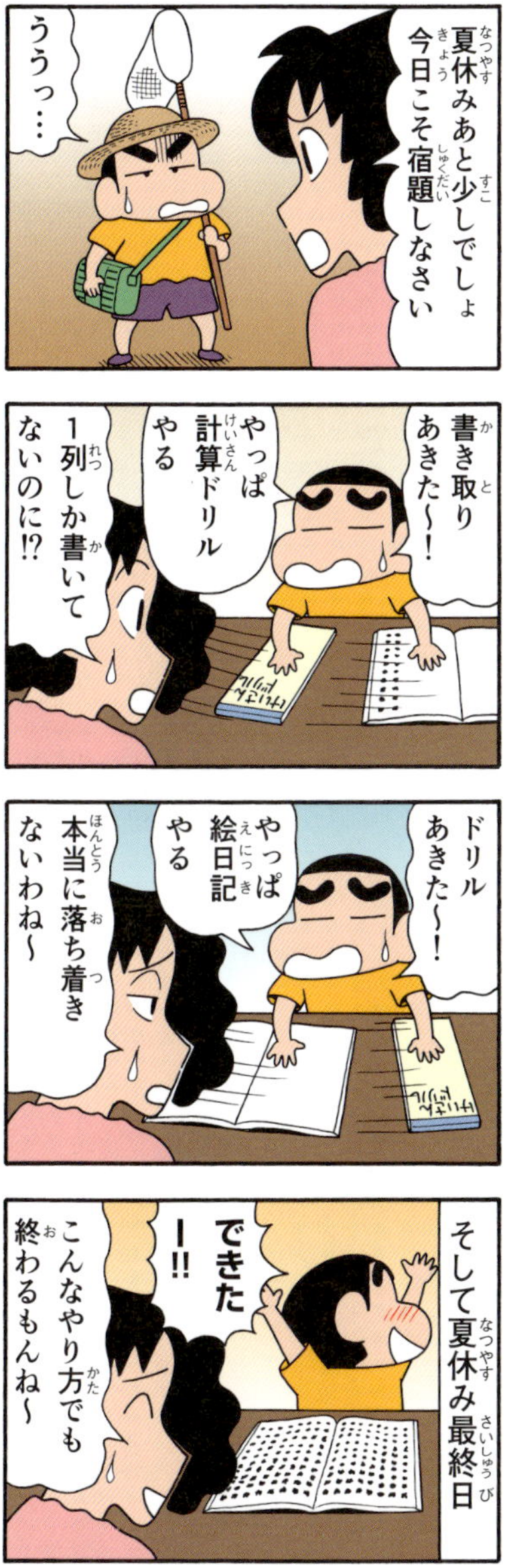

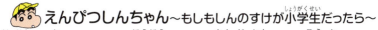

15 ノートは美《うつく》しくなくていい 自分《じぶん》の頭《あたま》の中《なか》を「全部出《ぜんぶだ》し」にしよう

ノートは、きれいに写《うつ》して美《うつく》しく書《か》こうとしない。自分《じぶん》が覚《おぼ》えたこと、わかったことをどんどん書《か》き入《い》れていくスタイルにするといいよ。

日付《ひづけ》や、問題集《もんだいしゅう》のページ、番号《ばんごう》などを忘《わす》れずに書《か》き入《い》れたら、途中式《とちゅうしき》や筆《ひっ》算《さん》も全部書《ぜんぶか》く。検算《けんざん》も消《け》しゴムで消《け》さずに残《のこ》しておくんだ。考《かんが》えるための図《ず》もどんどん書《か》いていこう。

ノートの紙《かみ》の上《うえ》に、きみの頭《あたま》の中《なか》をそのまま出《だ》してしまうんだ。

書《か》いたものをあとから見返《みかえ》して、もう一度目《いちどめ》で確認《かくにん》することで、頭《あたま》が整理《せいり》されて記憶《きおく》が定着《ていちゃく》する。

それから、間隔《かんかく》をしっかりあけて書《か》くこと。プラモデルの細《こま》かい部品《ぶひん》などは、ぐしゃっと出《だ》さないで、種類《しゅるい》ごとに区別《くべつ》しておくとわかりやすいよね。

ノートもそんな感《かん》じ。詰《つ》めないで、ゆったり分《わ》けて書《か》いていこう。

えんぴつしんちゃん〜もしもしんのすけが小学生《しょうがくせい》だったら〜

字《じ》のきれいさは関係《かんけい》ない

ネネの場合《ばあい》

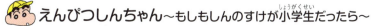

遊《あそ》ぶように勉強《べんきょう》しよう！

16 まちがったところは「お宝《たから》」なんだ！ 大事《だいじ》にしよう

テストでまちがったところを直《なお》すのって、いやだよね。勉強《べんきょう》が嫌《きら》いな人《ひと》って、失敗《しっぱい》が怖《こわ》い人《ひと》だったりするんだ。

でもね、30点《てん》しかとれなくても、残《のこ》りを勉強《べんきょう》し直《なお》してマスターできたら、100点《てん》と同《おな》じなんだよ！

分《わ》からないこと、失敗《しっぱい》やまちがいは、ウエルカム！　見《み》つかったらもう大《だい》チャンス、と思《おも》っていいよ。

問題集《もんだいしゅう》やテストでまちがったところは、全部《ぜんぶ》「お宝《たから》」なんだ。

まちがい部分《ぶぶん》には、星《ほし》などを描《か》いて大事《だいじ》にマークをつけておこう。まちがった問題《もんだい》にお気《き》に入《い》りの付箋《ふせん》を特別《とくべつ》に貼《は》り付《つ》けて目印《めじるし》にしたり、テストでまちがった問題《もんだい》だけ切《き》り取《と》ってノートに貼《は》り付《つ》けておけば、きみだけの最強問題集《さいきょうもんだいしゅう》、お宝《たから》の山《やま》のできあがり。

大事《だいじ》にして何回《なんかい》か解《と》き直《なお》そう。それだけでしっかり復習《ふくしゅう》ができる。

えんぴつしんちゃん～もしもしんのすけが小学生《しょうがくせい》だったら～

まちがいを強調《きょうちょう》しよう①

東《ひがし》と西《にし》を逆《ぎゃく》にしちゃったのね…
それほどでも～
ほめてない
理科《りか》テスト
1 朝日《あさひ》は
西
からのぼ
♪ひがあし～あさひ～や～ま～
すっ
お？なんでお相撲《すもう》？
こういうキャラを作《つく》って覚《おぼ》えたら？
東《ひがし》
朝《あさ》日《ひ》山《やま》
西《にし》
夕日《ゆうひ》海《うみ》
おお!! わかりやすい！
その後《ご》のテスト
太陽《たいよう》がのぼる方角《ほうがく》は…
ひが～し～あさひ～や～ま～♪
そうだ東《ひがし》だ！

まちがいを強調《きょうちょう》しよう②

トオルちゃんなあに？この問題集《もんだいしゅう》…自分《じぶん》で作《つく》ったの？
さいきょうもんだいしゅう
うん
くやしい～！ここさえあってれば…
え～と…
テスト
まちがえたところを書《か》き写《うつ》して問題集《もんだいしゅう》にしてるんだよ！忘《わす》れないようにね
まあ…忘《わす》れないように…？
ママなんて失敗《しっぱい》したことは忘《わす》れたくても忘《わす》れられないのにね！
なんども思《おも》いだしちゃう
それも困《こま》っちゃうね

友《とも》だちの気持《きも》ちを考《かんが》える心《こころ》 それが国語力《こくごりょく》につながる

国語《こくご》では文章《ぶんしょう》を読《よ》む勉強《べんきょう》をするよね。物語《ものがたり》を読《よ》んでなんの勉強《べんきょう》になるの？と思《おも》う人《ひと》もいるかな。

自分《じぶん》の気持《きも》ちをうまく説明《せつめい》できなくてイライラしてしまったり、友《とも》だちの気持《きも》ちがわからなくて困《こま》ってしまったりすることはないかな。

国語《こくご》で言葉《ことば》を勉強《べんきょう》したり、物語《ものがたり》を読《よ》んで登場人物《とうじょうじんぶつ》の心《こころ》を想像《そうぞう》したりする経《けい》験《けん》を積《つ》むと、そんなときにうまく言葉《ことば》を使《つか》って対処《たいしょ》できるようになる。

国語《こくご》を勉強《べんきょう》することで、言葉《ことば》から人《ひと》の気持《きも》ちを読《よ》み取《と》ったり、自分《じぶん》の心《こころ》を表現《ひょうげん》したりする練習《れんしゅう》をしているんだ。

文章《ぶんしょう》をたくさん読《よ》んで、その想像力《そうぞうりょく》を高《たか》めるのが国語《こくご》の勉強《べんきょう》。だから、友《とも》だちの気持《きも》ちを考《かんが》えるやさしさは、そのまま言葉力《ことばりょく》、国語力《こくごりょく》につながる。

国語《こくご》の力《ちから》をみがくと、友《とも》だちともうまくつきあえるようになるよ。

えんぴつしんちゃん〜もしもしんのすけが小学生《しょうがくせい》だったら〜

大事《だいじ》な教科《きょうか》

三者面談《さんしゃめんだん》
野原《のはら》くんは算数《さんすう》と生活科《せいかつか》は少《すこ》し苦手《にがて》で…
ハァ…
でも国語《こくご》の文章題《ぶんしょうだい》はいいですね
人《ひと》の気持《きも》ちがわかる子《こ》なんですね
えっ
先日《せんじつ》ちょっと困《こま》ってた女子《じょし》を助《たす》けてましたよ やさしいですね
へえ…
えっへん!
まぁ国語《こくご》ができりゃなんとでもなるわよ
これからもその調子《ちょうし》で行《い》こう
ブ・ラジャー!!

本当《ほんとう》？

『こりゃタヌキのしわざにちげえねえ!』と
「おじいさんは言《い》いました…」
パチパチパチパチ
たいへん上手《じょうず》に読《よ》めましたね
私《わたし》国語《こくご》が得意《とくい》みたい
「国語《こくご》ができるとやさしい子《こ》になる」って先生《せんせい》が言《い》ってたよ
♪
おなら〜
「へ〜」でしょ
だったらもう少しボクにやさしくしてほしいなぁ…
メソメソしないの!
だって〜

18 国語《こくご》の勉強《べんきょう》はカルタから ひらがなも言葉《ことば》も古典《こてん》も！

カルタはお正月《しょうがつ》にやる遊《あそ》び、と思《おも》っていたら、もったいない！札《ふだ》を読《よ》んだり、聞《き》いて言葉《ことば》を聞《き》き分《わ》けたりすることで、国語力《こくごりょく》がぐんとアップする。最高《さいこう》の国語《こくご》ゲームなんだ。カルタは弟《おとうと》や妹《いもうと》たちともできる勉強《べんきょう》。きみが札《ふだ》を読《よ》めば、文章《ぶんしょう》を読《よ》む勉強《べんきょう》になるし、弟《おとうと》や妹《いもうと》たちがあっという間《ま》にひらがなを覚《おぼ》えてびっくりするかも！四字熟語《よじじゅくご》やことわざ、慣用句《かんようく》など、

言葉《ことば》の勉強《べんきょう》にもなるカルタがたくさん出《で》ているよ。遊《あそ》んでいるだけで、中学《ちゅうがく》入試《にゅうし》に出《で》るような少《すこ》しむずかしい言葉《ことば》もマスターできる。学校《がっこう》で百人一首《ひゃくにんいっしゅ》大会《たいかい》が開《ひら》かれるならチャンス、覚《おぼ》えてみよう。古《ふる》い日本語《にほんご》は、最初《さいしょ》は文字《もじ》を読《よ》まず、耳《みみ》だけで何《なん》度《ど》も聞《き》くと覚《おぼ》えやすいんだ。古典《こてん》の勉強《べんきょう》の基礎《きそ》になるし、一生《いっしょう》ものの財産《ざいさん》になるよ。

カルタ

1回戦《かいせん》
「しらんけど」さいごにつけるのむせきにん
ハイ
あ～
2回戦《かいせん》
「しらんけど」さいごにつけるのむせきにん
ほい
次《つぎ》はオラが読《よ》む！
え～？つっかえずに読《よ》めるか？
「しらんけど」さいごにつけるのむせきにん
あら上手《じょうず》になって！
耳《みみ》が慣《な》れたんだな

百人一首《ひゃくにんいっしゅ》

花《はな》の色《いろ》は移《うつ》りにけりないたづらに～わが身《み》世《よ》にふるながめせし間《ま》に～
ハイ
これどういう意味《いみ》？
桜《さくら》の美《うつく》しさはすぐ消《き》えちゃう私《わたし》もあっという間《ま》に年《とし》とっちゃった
…って感《かん》じかな
えっそういうもんなの？ネネもすぐ年《とし》とるの？
ネネちゃんはまだまだ平気《へいき》よ
ママはそんなになるまであっという間《ま》だった？
ママはまだピチピチのつもりよ？
そんなってなに？

19

「しりとり」「言葉《ことば》集《あつ》めゲーム」など言葉《ことば》遊《あそ》びをしよう！

言葉《ことば》遊《あそ》びを会話《かいわ》のように楽《たの》しもう。

「〝楽《たの》しい〟に似《に》ている言葉《ことば》は？」「うるさい音《おと》の表現《ひょうげん》いくつ言《い》える？」などの言葉《ことば》集《あつ》めゲーム。

「夏《なつ》といえば？」「夏休《なつやす》み」「夏休《なつやす》みといえば？」「海《うみ》」の言葉《ことば》連想《れんそう》ゲーム。

言葉《ことば》遊《あそ》びはクラスメートとの会話《かいわ》が途切《とぎ》れたときも役《やく》に立《た》つよ！

「しりとり」は、「食《た》べ物《もの》しりとり」「三文字《さんもじ》しりとり」などと限定《げんてい》しりとりにして難易度《なんいど》を上《あ》げてみよう。ちょっとむずかしい漢字熟語《かんじじゅくご》しりとりもできる。

むずかしいから、国語辞典《こくごじてん》や漢和辞《かんわじ》典《てん》を引《ひ》きながらやるルールにすると、ついでにいろいろな言葉《ことば》を覚《おぼ》えられて勉強《べんきょう》にもなるし、おすすめだよ。

なんだか盛《も》り上《あ》がらないなぁ、なんていうときは言葉遊《ことばあそ》びゲーム。おもしろい言葉《ことば》が出《で》てきて、意外《いがい》と笑《わら》える！

言葉《ことば》で遊《あそ》ぼう

秋田《あきた》へ帰省《きせい》
たいくつ～ 父《とう》ちゃん 母《かあ》ちゃん しりとりやろ～
ブロロロ…
ああ いいよ
やろっか
じゃあ オラからね
うんこ!!
言《い》うと思《おも》った
じゃ次《つぎ》オレな
コアラ!
ラッコ!
ねぇこれ三文字《さんもじ》限定《げんてい》ルールにしない?
ブ・ラジャー
コンビ!
何《なに》それ?
コンビニの・・・コンビだゾ
四文字《よんもじ》の言葉《ことば》をむりやり三文字《さんもじ》で切《き》っちゃダメ!
じゃあねぇ…… ……こ…こ… ……こんぶ!
おっ! いいの出《で》た!
ぶんか! (文化《ぶんか》)
ブロロロ…
かるた!
た…… た……
たいや～
タイヤ!?
おお!! ひまが言《い》ってくれたゾ!!
ヤマメ!
メダル!
ル!? ル…… ル～……

つづく ←

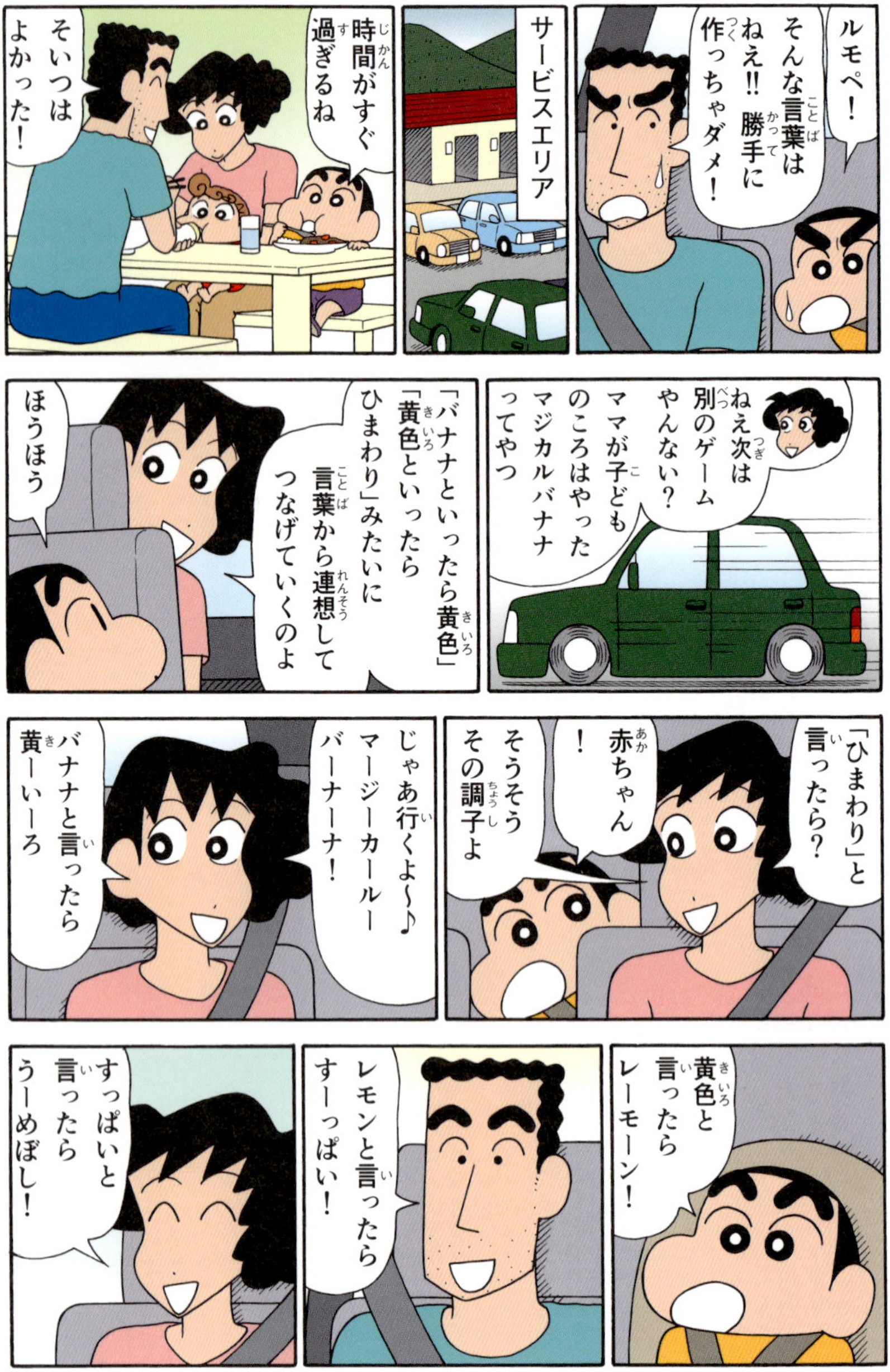
ルモペ！
そんな言葉《ことば》はねえ!! 勝手《かって》に作《つく》っちゃダメ！
サービスエリア
時間《じかん》がすぐ過《す》ぎるね
そいつはよかった！
ねえ次《つぎ》は別《べつ》のゲームやんない？ ママが子《こ》どものころはやったマジカルバナナってやつ
「バナナといったら黄色《きいろ》」「黄色《きいろ》といったらひまわり」みたいに言葉《ことば》から連想《れんそう》してつなげていくのよ
ほうほう
「ひまわり」と言《い》ったら？
赤《あか》ちゃん！
そうそうその調子《ちょうし》よ
じゃあ行《い》くよ～♪ マージーカールバーナーナ！
バナナと言《い》ったら黄《き》ーいーろ
黄色《きいろ》と言《い》ったらレーモーン！
レモンと言《い》ったらすーっぱい！
すっぱいと言《い》ったらうーめぼし！

うめぼしと言《い》ったらシワシワのじいちゃん！
ブロロロ…
おいおい～
そろそろ着《つ》くぞーしんのすけ
疲《つか》れて寝《ね》ちゃったわ
いっぱい頭《あたま》使《つか》ったもんなぁ
ひろしの実家《じっか》
疲《つか》れたべ？車《くるま》で来《く》んのは
ああもうクタクタ
次《つぎ》からはまた新幹線《しんかんせん》で来《く》るよ
じいちゃんおはよーカドー　サトーココノカドー
ふらふら…
もう夜《よる》だぞしんのすけ
あれ？じいちゃん思《おも》ってたほどシワシワじゃないね！頭《あたま》はツルツルだゾ
んだか？
だどもここはシワシワだべ？
おおっ！うめぼし!!
ゴソゴソ…
こんなところでズボン脱《ぬ》ぐなジジイ!!

20 漢字《かんじ》は部首《ぶしゅ》の意味《いみ》を考《かんが》えながら覚《おぼ》えよう

漢字《かんじ》を何度《なんど》も書《か》くだけの勉強法《べんきょうほう》はつまらない。意味《いみ》を考《かんが》えながら学《まな》んでいくと、漢字《かんじ》は、ぐっとおもしろくなる。

1年生《ねんせい》で「木《き》」の字《じ》を習《なら》ったとき、「林《はやし》」や「森《もり》」は木《き》がいっぱいあることを表《あらわ》していると知《し》って、楽《たの》しかったはず。その気持《きも》ちを思《おも》い出《だ》そう。絵《え》の載《の》っている漢和辞典《かんわじてん》を使《つか》おう。漢字《かんじ》の成《な》り立《た》ちが絵《え》で書《か》いてあって、ながめているだけでもおもしろい。

漢字《かんじ》を習《なら》ったときは、へんとつくりなど部首《ぶしゅ》に分《わ》けて、何《なに》を表《あらわ》しているのか意味《いみ》を考《かんが》えてみよう。意味《いみ》がわかれば、「しめすへん」と「ころもへん」の違《ちが》いをまちがうことはないし、つくりの読《よ》み方《かた》を知《し》っていれば知《し》らない漢《かん》字《じ》も読《よ》めることがある。

わからない漢字《かんじ》や熟語《じゅくご》は、自分《じぶん》で一《いち》度《ど》、意味《いみ》を想像《そうぞう》してから調《しら》べてみると、クイズみたいでおもしろいよ。

漢字《かんじ》の成《な》り立《た》ちを調《しら》べよう

ひろしの実家《じっか》
樹《いつき》くんお勉強《べんきょう》?
夏休《なつやす》みの宿題《しゅくだい》だよ!
似《に》たような字《じ》ばっかでまぎらわしいよな~
なんでそんな漢字《かんじ》ができたのか知《し》ってっか?
いいや
左《ひだり》のしんにょうは「道《みち》」右《みぎ》の「斤《きん》」は「斧《おの》」のことだ道《みち》を斧《おの》で切《き》って短《みじか》くするから「近《ちか》」い
おの
斤
みち
辶
近
へ~!!
つづき
つづき
たつ
立
き
木
おの
斤
新
「新《しん》」は3つに分《わ》かれてる立《た》ってる人《ひと》が斧《おの》で木《き》を切《き》って新天地《しんてんち》を切《き》り開《ひら》くから「新《あたら》」しい
お~っ
まぁ漢字《かんじ》の成《な》り立《た》ちには諸説《しょせつ》あってあくまでひとつの説《せつ》だけんどな
なんだ~違《ちが》うかもしれないの?
でもこういうこと知《し》ったほうが覚《おぼ》えやすいべ
うん!
ケチな兄貴《あにき》がタダで勉強《べんきょう》を教《おし》えるとはなぁ
わらす相手《あいて》だぞ当《あ》たりめえだべ!!

※わらす→童《わらべ》。子《こ》ども

21

自分《じぶん》の声《こえ》を楽《たの》しんで読《よ》もう 音読《おんどく》の達人《たつじん》を目指《めざ》せ

音読《おんどく》、楽《たの》しんでる？　適当《てきとう》に読《よ》んで、家族《かぞく》にサインだけもらうなんて、もったいないよ！

読《よ》んでいる自分《じぶん》の声《こえ》を聞《き》くことってすごく大事《だいじ》なことなんだ。目《め》で見《み》た文《も》字《じ》を声《こえ》に出《だ》し、自分《じぶん》の耳《みみ》で聞《き》く。読《よ》む、声《こえ》を出《だ》す、聞《き》く、３つを同時《どうじ》にやるから、脳《のう》がすごく活性化《かっせいか》されるんだ。自分《じぶん》の声《こえ》を楽《たの》しんで聞《き》けるように、工夫《くふう》して読《よ》んでみよう。

俳優《はいゆう》さんのように演《えん》じながら、など、いろんな読《よ》み方《かた》をすると、いつも新鮮《しんせん》な気《き》持《も》ちで読《よ》めるよ。

音読《おんどく》は読《よ》めないところをごまかして読《よ》み飛《と》ばすことができない。一字一句《いちじいっく》読《よ》むから、正確《せいかく》に理解《りかい》しやすいんだ。

算数《さんすう》の文章題《ぶんしょうだい》なども、わからなかったら声《こえ》を出《だ》して読《よ》んでみるといい。「あ、なんだ、そういうことか」となることがよくあるよ。

音読《おんどく》は楽《たの》しくやろう

ひろしの実家《じっか》
音読《おんどく》の宿題《しゅくだい》聞《き》いて……
あっ やっぱいいや
オラも聞《き》きた〜い
いいじゃん しんちゃんにも聞《き》かせてあげなよ
う〜ん……わかった…
「おばあさんはおどろいて言《い》いました。『オラこんなことはじめてだ…』」
ブツブツ
つまんな〜い もっと気持《きも》ち こめて読《よ》んで!
ええ!? どうやって?
『オラこーんなことはじめてだあ〜!』って感《かん》じで
↖つづく
↙つづき
しんちゃんの言《い》う通《とお》りね
え…
恥《は》ずかしそうに読《よ》んだら聞《き》いてるほうも恥《は》ずかしくなっちゃうし
それにね感情《かんじょう》をこめて楽《たの》しく読《よ》むほうが勉強《べんきょう》になるんだって
うん…
じゃ しんのすけのものマネで読《よ》んでやる 『オラこんなことはじめてだゾ〜!』
どっ
「おばあさんはつづけて言《い》いました。『オラずっとここにいたいゾ〜!』」
にてる〜
オラ恥《は》ずかしい…

22 読書《どくしょ》好《ず》きになるコツ 自分《じぶん》で選《えら》んだ本《ほん》を読《よ》もう！

面倒《めんどう》くさいから読書《どくしょ》なんて嫌《きら》い、という人《ひと》もいると思《おも》う。でも、本《ほん》って楽《たの》しいものなんだ。

本《ほん》が嫌《きら》いでも動画《どうが》の字幕《じまく》は読《よ》めるよね？　アニメやYouTube《ユーチューブ》を見《み》るときは、「何《なに》が始《はじ》まるかな？」とワクワクする。読書《どくしょ》だってそうなんだ。本《ほん》は絶対《ぜったい》に、自分《じぶん》が好《す》きな本《ほん》を読《よ》もう。たくさん読《よ》めなくてもいい。漫画《まんが》、絵本《えほん》、図鑑《ずかん》、自分《じぶん》が大好《だいす》きな本《ほん》を何度《なんど》も繰《く》り返《かえ》し読《よ》めばいいんだ。

朝読《あさどく》の本《ほん》も、家族《かぞく》に買《か》ってきてもらうのではなく、自分《じぶん》で本屋《ほんや》さんや図書館《としょかん》に行《い》って、表紙《ひょうし》の絵《え》を見《み》て、おもしろそうなものを選《えら》んでみよう。自分《じぶん》で選《えら》ぶのが本好《ほんず》きになるコツだよ。

そして、意味《いみ》が全部《ぜんぶ》わからなくても、「なんとなくこういう感《かん》じかな」くらいの理解《りかい》でいいんだ。いつか本《ほん》がきみの味方《みかた》になってくれる日《ひ》が来《く》るよ。

図書館《としょかん》へ行《い》こう

カザマくん どこ行《い》くの？
図書館《としょかん》！ しんのすけも行《い》く？
行《い》く！
でも オラお金《かね》ないけど
図書館《としょかん》は タダで入《はい》れる んだよ
タダ!? 母《かあ》ちゃんが 好《す》きそうな ところだな！
図書館《としょかん》・子《こ》ども室《しつ》
ずらっ
おおっ!? これ全部《ぜんぶ》 絵本《えほん》!?
絶対《ぜったい》読《よ》み切《き》れ ないだろそれ…
↖つづく
↙つづき
ここ まんがも あるんだ ね
ボクんち 学習《がくしゅう》まんが しか ないから… ここ 読《よ》みほうだい なんだよね
あ！ あれ ボーちゃん じゃない？
おっ ホントだ
石《いし》のずかん―
コソ…
幸《しあわ》せそうだから そっとしとこうか
ボー ちゃん！
ボ！ いたの？
読《よ》み切《き》れなかったら 貸《か》し出《だ》ししよう

23 「なんの話《はなし》かな？」を考《かんが》えれば文章《ぶんしょう》を読《よ》むのがおもしろくなる

文章《ぶんしょう》を読《よ》むのが苦手《にがて》だと、国語《こくご》の勉《べん》強全部《きょうぜんぶ》がいやになってしまう。いやいや読《よ》んでいても、文章《ぶんしょう》の内容《ないよう》ってまったく頭《あたま》に入《はい》ってこないんだ！

文章《ぶんしょう》が長《なが》すぎて、頭《あたま》が真《ま》っ白《しろ》になってしまったら、「何《なに》が、どうした」話《はなし》なのかを考《かんが》えよう。長《なが》い話《はなし》の「主語《しゅご》」「述語《じゅつご》」をつかむんだ。

桃太郎《ももたろう》の話《はなし》は、「桃太郎《ももたろう》が」「鬼《おに》を退《たい》治《じ》した」になる。こんなふうにひと言《こと》で言《い》えるように文章《ぶんしょう》の一番大事《いちばんだいじ》な話《はなし》の要点《ようてん》をとりだしてみよう。

だんだん、「なんの話《はなし》なんだろう？」「こういうことかな？」と推測《すいそく》し、考《かんが》えながら読《よ》めるようになる。

この推測《すいそく》する力《ちから》が身《み》につけば、長《なが》い文章《ぶんしょう》でもパニックにならず、「なんだろう？」と興味《きょうみ》を持《も》って読《よ》み進《すす》められるようになるよ。

あらすじをつかもう

マサオくんちょうどいいわ! 新作《しんさく》の台本《だいほん》ができたの! 読《よ》んで
ペラ…
長《なが》いなぁ めんどくさいなぁ
だいほん
とうじょうじんぶつ
ツカサ…ハリウッドえいがスター
リン…ツカサのおさななじみ
え……男役《おとこやく》 カッコイイ! やったあ!
ハリウッドのスターになった幼《おさな》なじみの子《こ》を追《お》ってアメリカに行《い》く女《おんな》の子《こ》の話《はなし》か!
なるほど なるほど…
だいほ
つづく
つづき
読《よ》み終《お》わったよ!
じゃあ始《はじ》めましょ
成田空港《なりたくうこう》を飛《と》び立《た》った飛行機《ひこうき》がアメリカに着《つ》きました アメリカの土《つち》を踏《ふ》んだリンはひと言《こと》…
キ～ン
……
リン! なんで何《なに》も言《い》わないのよ!?
え!? ボクがハリウッド俳優《はいゆう》のツカサでしょ?
ツカサは女《おんな》の子《こ》! ネネに決《き》まってるでしょ!!
あ～ん 読《よ》みまちがえた～!

24

計算《けいさん》ドリルだけが勉強《べんきょう》じゃない パズル好《ず》きなら算数《さんすう》好《ず》きになれる

算数《さんすう》は、推理《すいり》する力《ちから》と、あきらめないで考《かんが》える粘《ねば》り強《づよ》さが大事《だいじ》。

めいろやパズルをたくさんやることで、この2つの力《ちから》をつけることができるんだ。

例《たと》えば、めいろ。「こっちかな？」と推理《すいり》して進《すす》んでいき、ダメだったら、やり直《なお》し、また別《べつ》な道《みち》をたどってみる。

何回《なんかい》か解《と》いていくうちに、コツをつかんで素早《すばや》く解《と》けるようになる。

さまざまなパターンのパズルをやることで、「この問題《もんだい》は何《なに》を答《こた》えさせようとしているのかな？」という推理力《すいりりょく》も上《あ》がっていく。

何度《なんど》も失敗《しっぱい》しながら挑戦《ちょうせん》を続《つづ》けることと、ひとときじっと考《かんが》えることは、勉強《べんきょう》の集中力《しゅうちゅうりょく》を養《やしな》うことにもなるんだ。

計算《けいさん》ドリルが嫌《きら》いでも、パズル好《ず》きなら、きっと算数《さんすう》を好《す》きになれる。

パズルから始《はじ》めてみよう！

パズルで遊《あそ》ぼう①

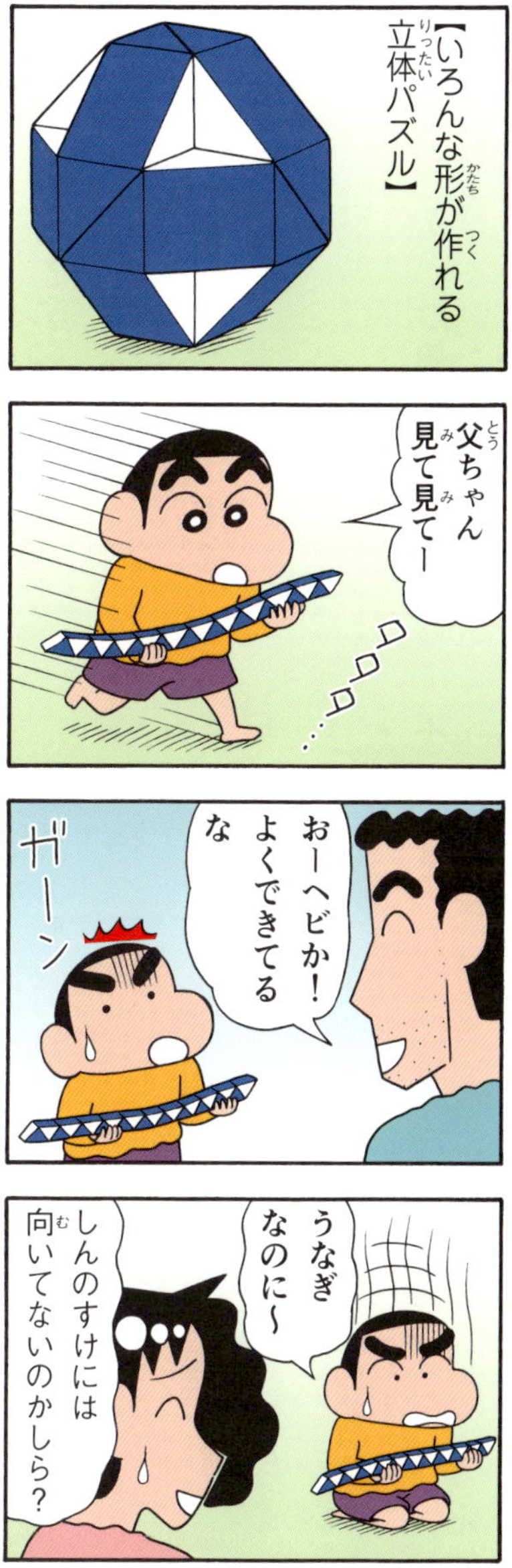
【いろんな形《かたち》が作《つく》れる立体《りったい》パズル】
父《とう》ちゃん見《み》て見《み》てー
ガーン
おーヘビか！よくできてるな
うなぎなのに～
しんのすけには向《む》いてないのかしら？

パズルで遊《あそ》ぼう②

ふんふん♪
ふふ～ん♪
パパに買《か》ってもらったパズルはまってるわね～
できたー!!
うんこパズル
本当《ほんとう》に算数《さんすう》の勉強《べんきょう》になるのかしら……？

25

10を作《つく》る数《かず》ゲームをして、算数《さんすう》ラクラク頭《あたま》を作《つく》ろう！

計算《けいさん》が苦手《にがて》な人《ひと》は、4→6、7→3など、足《た》して10になる数《かず》がさっと出《で》てこないことがある。つい指《ゆび》を使《つか》って計算《けいさん》してしまい、時《じ》間《かん》がかかっていないかな。足《た》して10になる数《かず》がぱっと出《で》ると、繰《く》り上《あ》がりの計算《けいさん》だってラクラク。一《いっ》気《き》に計算《けいさん》スピードが上《あ》がるよ。早《はや》く覚《おぼ》えてしまおう。

おもしろい計算《けいさん》ゲームで、計算《けいさん》のスピードを速《はや》くできるよ！

　じゃんけんをして、勝《か》った方《ほう》が指《ゆび》を何本《なんぼん》か出《だ》す。負《ま》けたほうは、出《だ》した指《ゆび》に、足《た》して10になる数《かず》を言《い》う。

　トランプがあれば1～9までの札《ふだ》を使《つか》って神経衰弱《しんけいすいじゃく》をしよう。同《おな》じ数《かず》ではなく、足《た》して10になる数《かず》ならゲットできる、とルールを作《つく》って遊《あそ》んでみよう。

　あっという間《ま》に足《た》して10になる数《かず》をマスターできるよ。

神経衰弱《しんけいすいじゃく》

9
ペラッ
あ〜 1だ
足《た》したら ちょうど 10だね
ねえねえ 今回《こんかい》だけ 足《た》して10に なったら いいルールにしない？
ええ!? わがままだな〜
まぁいいよ！ 勉強《べんきょう》にも なるしね
じゃあ 11・12・13は 抜《ぬ》くね
よっしゃ！
↖つづく
↙つづき
風間《かざま》くんの番《ばん》
4！と……
6！……やった！
しんのすけの番《ばん》
7！
と…… 2！
足《た》して9 おしいね
風間《かざま》くんの番《ばん》
5！と……
5！やった！ また合《あ》った!!
……
しんのすけの番《ばん》
3と3！ やったー 合《あ》った!!
おい！ しれっとルールを 元《もと》に戻《もど》すなよ！

26

4つの数字《すうじ》を10にする遊《あそ》びで計算力《けいさんりょく》がどんどんアップ！

4つの数字《すうじ》と、足《た》す＋、引《ひ》く－、かける×、割《わ》る÷のどれかをつかって、10にする遊《あそ》び、知《し》っているかな？

テンパズル、メイクテンと呼《よ》ばれている遊《あそ》びだよ。

車《くるま》のナンバー、デジタル時計《どけい》の数字《すうじ》など、4つの数字《すうじ》ならなんでもOK《オーケー》。数《かず》をカードにして4枚《まい》引《ひ》いてもいい。

3518なら、5－3＝2、2＋8＝10、10×1＝10。となるよ。

簡単《かんたん》に答《こた》えが出《で》るものから、すごく難《むずか》しい組《く》み合《あ》わせまである。

答《こた》えがひとつではなく、いろいろな解法《かいほう》があるというのもおもしろいよね！　ネットで難問《なんもん》の答《こた》えを見《み》つけることもできる。

将棋《しょうぎ》の藤井聡太《ふじいそうた》さんはこの遊《あそ》びをよくやっていたんだって。

だんだん数字《すうじ》に慣《な》れてきて、算数《さんすう》に強《つよ》くなってくるよ！

えんぴつしんちゃん〜もしもしんのすけが小学生《しょうがくせい》だったら〜

四則演算《しそくえんざん》で「10」を作《つく》ろう

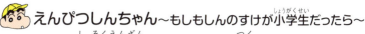

数字《すうじ》は「円《えん》」をつけて考《かんが》えてみる 現金《げんきん》を使《つか》って買《か》い物《もの》をしよう

数字《すうじ》が苦手《にがて》なら、数字《すうじ》に「円《えん》」をつけて、お金《かね》の計算《けいさん》から始《はじ》めてみよう。千《せん》の位《くらい》まである数字《すうじ》の計算《けいさん》も、3500円《えん》と4700円《えん》、と考《かんが》えれば、なんだか愉快《ゆかい》な気分《きぶん》になってくる。自分《じぶん》のほしい物《もの》の値段《ねだん》を調《しら》べて、購入計画《こうにゅうけいかく》を立《た》ててみよう。高価《こうか》な物《もの》も、おこづかいを何回《なんかい》か貯《た》めれば買《か》えるんだ！ とわかるはず。

家の人に頼まれたおつかいも、プリペイドカードではなく、現金《げんきん》で買《か》うといいよ。

自分《じぶん》でレジで支払《しはら》いをするようになると、持《も》って行《い》った金額《きんがく》で足《た》りるかな？ 余《あま》りはいくらになる？ と、およその計算《けいさん》をする能力《のうりょく》が上《あ》がっていく。おつりでお菓子《かし》を買《か》えるかもしれないからね。

真剣《しんけん》にお金《かね》の計算《けいさん》をすると、どんどん数字《すうじ》に慣《な》れていくよ。

えんぴつしんちゃん〜もしもしんのすけが小学生《しょうがくせい》だったら〜

おこづかいをためよう

やる気《き》が出《で》る方法《ほうほう》

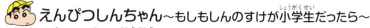

28 単位《たんい》を覚《おぼ》えるなら身近《みぢか》なものを測《はか》ってみよう

算数《さんすう》の単位《たんい》の勉強《べんきょう》は数字《すうじ》だけ見《み》ていてもなかなか覚《おぼ》えられない。実際《じっさい》に身近《みぢか》にあるものをなんでも測《はか》ってみよう。

ぼくの使《つか》っているカップは2デシリットル、というように、身近《みぢか》な物《もの》の数《すう》値《ち》を知《し》っておくと、目安《めやす》ができて単位《たんい》をつかみやすくなる。

数字《すうじ》で表《あらわ》すと、比較《ひかく》ができるし記録《きろく》をとれる。自分《じぶん》の頭《あたま》の中《なか》にデータとして記憶《きおく》しやすくなるんだ。

自分《じぶん》の身長《しんちょう》を測《はか》ると、前《まえ》と比《くら》べてどれくらい伸《の》びたか気《き》になるよね。

数字《すうじ》で表《あらわ》してみるって、とってもおもしろいことなんだ。

自分《じぶん》で測《はか》れない物《もの》も、おじいさんの畑《はたけ》は1アールくらい。となりの中学校《ちゅうがっこう》の校庭《こうてい》は1ヘクタール、など、自分《じぶん》にとっての基準《きじゅん》を作《つく》っておくと、とてもわかりやすくなるよ。

えんぴつしんちゃん～もしもしんのすけが小学生《しょうがくせい》だったら～

長《なが》さを測《はか》ろう

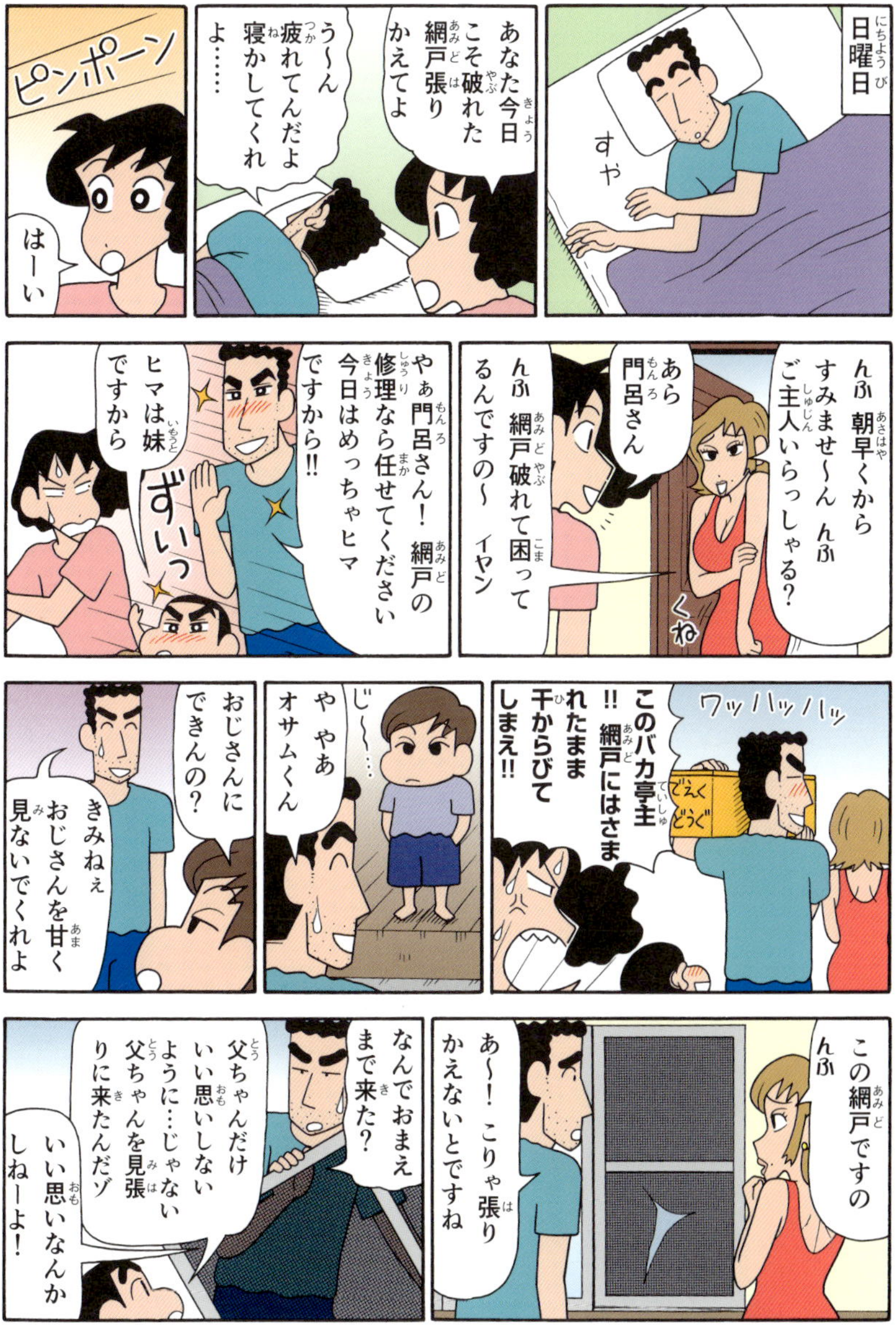
日曜日《にちようび》
すや
あなた今日《きょう》こそ破《やぶ》れた網戸《あみど》張《は》りかえてよ
う～ん 疲《つか》れてんだよ 寝《ね》かしてくれよ……
ピンポーン
はーい
んふ 朝早《あさはや》くからすみませ～ん んふ ご主人《しゅじん》いらっしゃる？
あら 門呂《もんろ》さん
んふ 網戸《あみど》破《やぶ》れて困《こま》ってるんですの～ イヤン
くね
やぁ門呂《もんろ》さん！ 網戸《あみど》の修理《しゅうり》なら任《まか》せてください 今日《きょう》はめっちゃヒマですから!!
ずいっ
ヒマは妹《いもうと》ですから
ワッハッハッ
このバカ亭主《ていしゅ》!! 網戸《あみど》にはさまれたまま干《ひ》からびてしまえ!!
でえくどうぐ
じ～……
ややあ オサムくん
おじさんにできんの？
きみねぇ おじさんを甘《あま》く見《み》ないでくれよ
この網戸《あみど》ですの んふ
あ～！ こりゃ張《は》りかえないとですね
なんでおまえまで来《き》た？
父《とう》ちゃんだけいい思《おも》いしないように…じゃない 父《とう》ちゃんを見張《みは》りに来《き》たんだゾ
いい思《おも》いなんかしねーよ！

つづく→

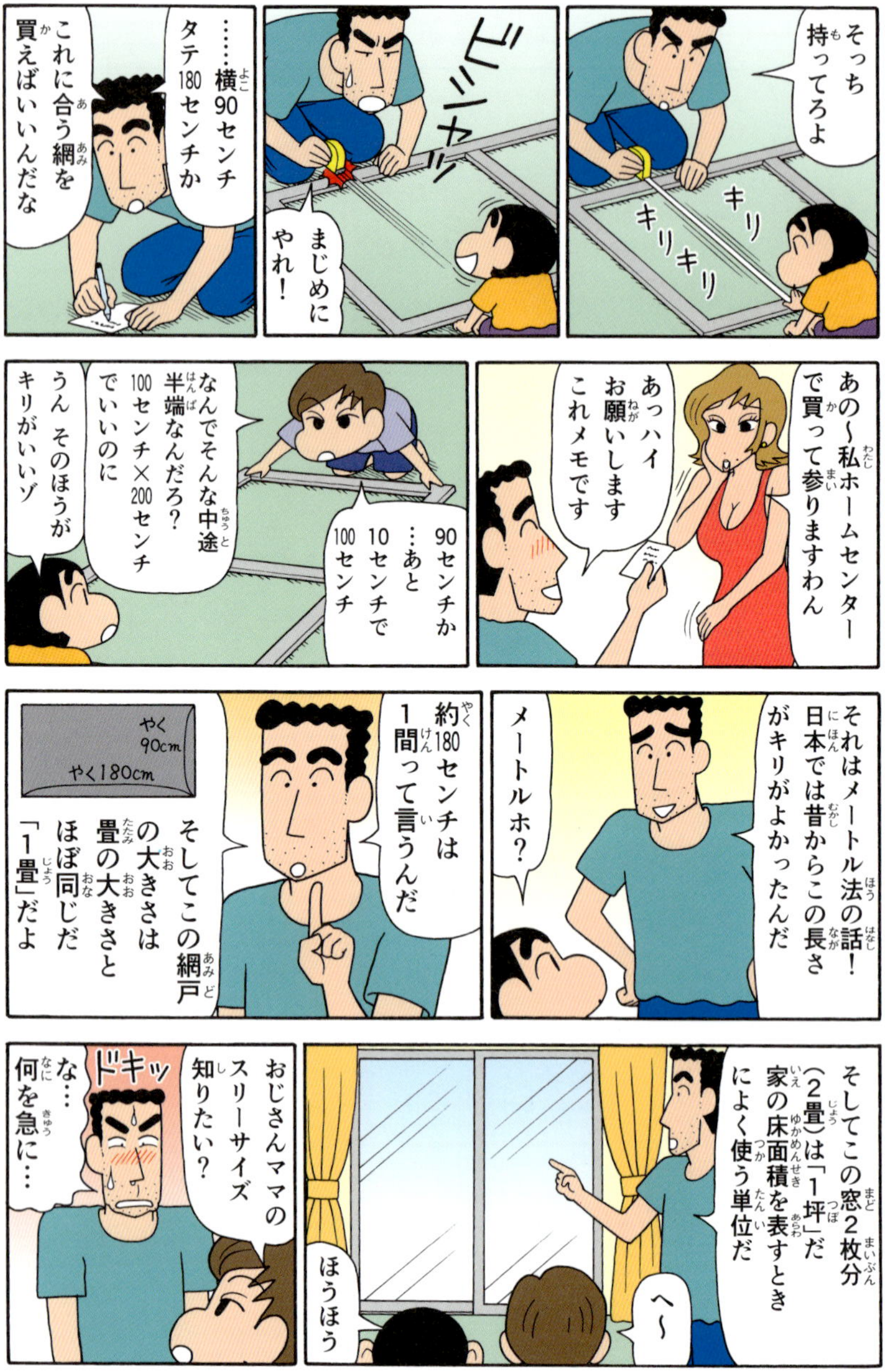
そっち持《も》ってろよ
キリ
キリキリ
ビシャッ
まじめにやれ!
……横《よこ》90センチタテ180センチか
これに合《あ》う網《あみ》を買《か》えばいいんだな
あの〜私《わたし》ホームセンターで買《か》って参《まい》りますわん
あっハイお願《ねが》いしますこれメモです
90センチか…あと10センチで100センチ
なんでそんな中途《ちゅうと》半端《はんぱ》なんだろ? 100センチ×200センチでいいのに
うん そのほうがキリがいいゾ
それはメートル法《ほう》の話《はなし》! 日本《にほん》では昔《むかし》からこの長《なが》さがキリがよかったんだ
メートルホ?
約《やく》180センチは1間《けん》って言《い》うんだ
そしてこの網戸《あみど》の大《おお》きさは畳《たたみ》の大《おお》きさとほぼ同《おな》じだ「1畳《じょう》」だよ
やく90cm
やく180cm
そしてこの窓《まど》2枚分《まいぶん》(2畳《じょう》)は「1坪《つぼ》」だ家《いえ》の床面積《ゆかめんせき》を表《あらわ》すときによく使《つか》う単位《たんい》だ
へ〜
ほうほう
おじさんママのスリーサイズ知《し》りたい?
ドキッ
な…何《なに》を急《きゅう》に…

ははは…オサムくん そーゆー人《ひと》の個人情報《こじんじょうほう》は 明《あ》かしちゃダメだよ
父《とう》ちゃん すごい汗《あせ》
じゃ 知《し》りたくないの?
お おじさんに 知《し》る権利《けんり》は ないんだよハハハ
んふただいま帰《かえ》りましたぁん
おかえりなさーい
せっ せっ
ねぇママ ちょっと測《はか》ってみてよ
んふ いいわよん
ピクッ
ん〜と… 107センチね んふ
107センチ!? やはりたわわなバスト!!
父《とう》ちゃーん オラの身長《しんちょう》 107センチ だってー
…そっか… よかったな… 測《はか》ってもらえて
なんだ
カァ カァ
何《なん》とかできました
お手数《てすう》かけましたぁ んふ
時間《じかん》かかりすぎ
シロートだから
帰宅後《きたくご》
ウチのも直《なお》してよね!! めっちゃヒマなんでしょ!?
ホームセンター行《い》ってきます…
おふろ入《はい》ろっと

29 計算《けいさん》はあわてない。「正解《せいかい》！」が出《で》たら超気持《ちょうきも》ちいい!!

算数《さんすう》の計算《けいさん》、あわててやっていないかな？

筆算《ひっさん》の「0」と「6」を見《み》まちがえて、せっかく正《ただ》しく解《と》いているのに答《こた》えをまちがったり。もったいないよ。

算数《さんすう》は頭《あたま》で考《かんが》える勉強《べんきょう》。目指《めざ》すのはスピードじゃなくて正確《せいかく》さ。

大切《たいせつ》なのは、絶対正解《ぜったいせいかい》！　という答《こた》えを出《だ》すことなんだ。

面倒《めんどう》がらずに、一度《いちど》、見直《みなお》しをしよう。まちがうのは見直《みなお》しをしていないからだよ。

暗算《あんざん》でできとうにやらないで、筆算《ひっさん》をノートに書《か》いて確実《かくじつ》に計算《けいさん》することも大事《だいじ》だよ。

正解《せいかい》が出《で》たら、「超気持《ちょうきも》ちいい!!」

そして、正解《せいかい》が出《で》ることでバッチリ自信《じしん》が積《つ》み上《あ》がる。

それこそ、算数《さんすう》の本当《ほんとう》のおもしろさなんだ！

えんぴつしんちゃん〜もしもしんのすけが小学生《しょうがくせい》だったら〜

スピード勝負《しょうぶ》をしない

プリントを提出《ていしゅつ》したら休《やす》み時間《じかん》にしてください
でーきた♪
えっ
くやし〜！しんちゃんに先越《さきこ》された〜
終《お》わったー♪
つづく
つづき
数日後《すうじつご》
この前《まえ》のプリントを返《かえ》しまーす
佐藤《さとう》くんうっかりミスが多《おお》いわね 提出《ていしゅつ》する前《まえ》に見直《みなお》しなさい
ハイ…
ボーくん満点《まんてん》！この調子《ちょうし》よ
ボ
野原《のはら》くんこれ引《ひ》き算《ざん》のプリントよ！ 足《た》し算《ざん》になってたわよ
ポッカリしてたゾ
うっかりでしょ！しっかりなさい！

かすかべ防衛隊《ぼうえいたい》

タイプ別《べつ》でわかる 勉強《べんきょう》がどんどん楽《たの》しくなる 秘密《ひみつ》のパワーアップ・ポイントはここだ！

きみの「勉強楽《べんきょうたの》しくない」の元《もと》になっている弱点《じゃくてん》はどこかな。
チャートテストにトライして、自分《じぶん》の心《こころ》のクセを知《し》ってみよう。
ほんのちょっと勉強《べんきょう》への考《かんが》え方《かた》を変《か》えるだけで、
勉強《べんきょう》することがどんどん楽《たの》しくなっていくよ！

スタート

宿題《しゅくだい》をすませずに遊《あそ》びに行《い》ってしまうことが多《おお》い
はい／いいえ

お母《かあ》さんが「勉強《べんきょう》しなさい！」とうるさい。自分《じぶん》はいつも反抗的《はんこうてき》になる
はい／いいえ

将来《しょうらい》行《い》きたい学校《がっこう》や目標《もくひょう》とする学校《がっこう》がある
はい／いいえ

勉強以外《べんきょういがい》に自分《じぶん》ひとりで熱中《ねっちゅう》している趣味《しゅみ》がある
はい／いいえ

得意《とくい》で大好《だいす》きな教科《きょうか》と苦手《にがて》で嫌《きら》いな教科《きょうか》の差《さ》がはげしい
はい／いいえ

診《しん》断《だん》は次《つぎ》のページを見《み》てね

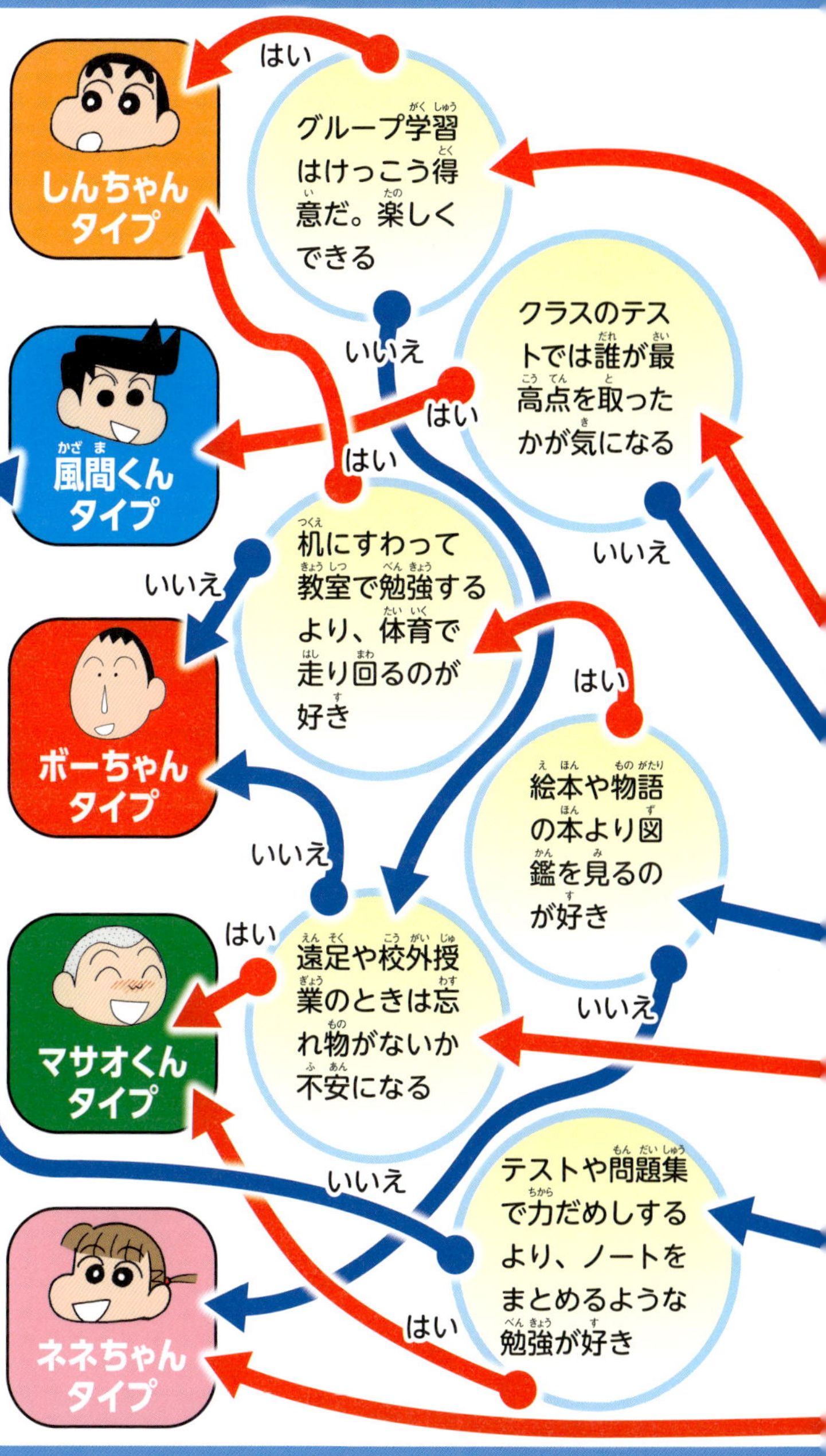
しんちゃんタイプ
風間《かざま》くんタイプ
ボーちゃんタイプ
マサオくんタイプ
ネネちゃんタイプ
グループ学習《がくしゅう》はけっこう得《とく》意《い》だ。楽《たの》しくできる
クラスのテストでは誰《だれ》が最《さい》高点《こうてん》を取《と》ったかが気《き》になる
机《つくえ》にすわって教室《きょうしつ》で勉強《べんきょう》するより、体育《たいいく》で走《はし》り回《まわ》るのが好《す》き
絵本《えほん》や物語《ものがたり》の本《ほん》より図《ず》鑑《かん》を見《み》るのが好《す》き
遠足《えんそく》や校外授《こうがいじゅ》業《ぎょう》のときは忘《わす》れ物《もの》がないか不《ふ》安《あん》になる
テストや問題集《もんだいしゅう》で力《ちから》だめしするより、ノートをまとめるような勉強《べんきょう》が好《す》き
はい
いいえ

診《しん》断《だん》

きみの「勉《べん》強《きょう》が楽《たの》しくなるポイント」はこれ！

※質《しつ》問《もん》の答《こた》えに迷《まよ》って、当《あ》てはまるタイプが2つになることもあるよ。そのときは両方《りょうほう》のアドバイスを参考《さんこう》にしてみよう。

自分《じぶん》をのせて勉強《べんきょう》しよう！

しんちゃんタイプ

勉強《べんきょう》なんて嫌《きら》い、と言《い》っているけど、本当《ほんとう》は少《すこ》しめんどくさいだけ。心《こころ》のどこかで、「自分《じぶん》って、やればできるんだ」

自分《じぶん》だけのプチ目標《もくひょう》を作《つく》ろう！

風間《かざま》くんタイプ

目標《もくひょう》を持《も》ってしっかり勉強《べんきょう》を続《つづ》けているきみ。でも、ときどき疲《つか》れてしまうことがあるよね。大《おお》きな目標《もくひょう》もいいけ

短時間集中《たんじかんしゅうちゅう》で毎日《まいにち》やろう！

ボーちゃんタイプ

好《す》きな勉強《べんきょう》はやるけど、嫌《いや》いな勉強《べんきょう》は気《き》が乗《の》らないきみ。国語《こくご》は大得意《だいとくい》なのに、計算《けいさん》はダメだったり、一番《いちばん》になったりビリ

得意《とくい》な教科《きょうか》を作《つく》ろう！

まさおくんタイプ

まじめに勉強《べんきょう》しているけれど、いまいちモチベーション（やる気《き》）が上《あ》がっていないきみ。どの教科《きょうか》もきちんと勉《べん》

わからないことを怖《こわ》がらない！

ネネちゃんタイプ

いい点《てん》をとれば絶《ぜっ》好調《こうちょう》だけど、点数《てんすう》が悪《わる》かったり、わからないところがあったりすると、やる気《き》がしぼんでしまうきみ。

とわかっているはずだよ。漢字《かんじ》テストなど、小《ちい》さなテストで一度《いちど》がんばって成果《せいか》を出《だ》して、周《まわ》りのみんなをびっくりさせてみよう。それが最《さい》高《こう》の自信《じしん》になる。いい点数《てんすう》のテストは机《つくえ》の前《まえ》に貼《は》っておこう。ほんの小《ちい》さなきっかけで学力《がくりょく》が伸《の》びるタイプだよ。

おすすめ勉強《べんきょう》アイテム

ゲームやおやつなど、勉強《べんきょう》したら楽《たの》しめるごほうびを決《き》めておこう。楽《たの》しみが待《ま》っていれば意欲的《いよくてき》に取《と》り組《く》めるよ。

ど、小《ちい》さな自分《じぶん》だけの目標《もくひょう》を作《つく》ってみるといいよ。毎日《まいにち》1字ずつ漢字のことを調《しら》べよう、とか、今月《こんげつ》は速《はや》さの文章問題《ぶんしょうもんだい》をマスターするぞ、とか。漢字検定《かんじけんてい》にチャレンジしよう、もいい。張《は》り合《あ》いが出《で》るし、勉強《べんきょう》がさらに楽《たの》しくなってくる。

おすすめ勉強《べんきょう》アイテム

手帳《てちょう》や日記帳《にっきちょう》を使《つか》ってみよう。勉強《べんきょう》の計画《けいかく》や目標《もくひょう》、やりたいこと、好《す》きなことも書《か》いて、自分《じぶん》のスペシャルブックを作《つく》ってお守《まも》りにしよう。

になったり。ムラがあると、やるときに無理《むり》やり力《ちから》を出《だ》すから疲《つか》れちゃうよ。大《だい》好《す》きな遊《あそ》びや趣味《しゅみ》は毎日《まいにち》欠《か》かさずやっているはず。勉強《べんきょう》も毎《まい》日《にち》の遊《あそ》びや趣味《しゅみ》にくっつけて、毎日《まいにち》決《き》めた時間《じかん》に少《すこ》しずつやろう。だんだん習慣《しゅうかん》になってうまく勉強《べんきょう》できるようになる！

おすすめ勉強《べんきょう》アイテム

勉強《べんきょう》するときは、時計《とけい》や砂時計《すなどけい》を活用《かつよう》して、短《みじか》い細切《こまぎ》れの時間《じかん》に集中《しゅうちゅう》してやろう。勉強《べんきょう》したら趣味《しゅみ》を存分《ぞんぶん》に楽《たの》しもう。

強《きょう》するのもいいけど、その中《なか》で特別《とくべつ》に好《す》きな勉強《べんきょう》を作《つく》ってみよう。その教科《きょうか》だけ、自分《じぶん》で深《ふか》く勉強《べんきょう》してみるんだ。得意分野《とくいぶんや》ができると、勉強《べんきょう》って急激《きゅうげき》におもしろくなる。おもしろさに気《き》づいたら鬼《おに》に金棒《かなぼう》、きみの学力《がくりょく》はぐーんとアップするよ。

おすすめ勉強《べんきょう》アイテム

学校《がっこう》の教材以外《きょうざいいがい》のものを利用《りよう》してみよう。学習《がくしゅう》まんがを読《よ》んだり、実験教室《じっけんきょうしつ》に参加《さんか》したりしてみたり。得意《とくい》な教科《きょうか》を自《じ》分《ぶん》で深《ふか》めていこう。

不安《ふあん》な気持《きも》ちが出《で》てきたら、逆《ぎゃく》にチャンスなんだ！ わからないところこそ、きみが勉強《べんきょう》すべき最《もっと》も大事《だいじ》なところ。先生《せんせい》や友《とも》だちに質問《しつもん》して、弱点強化《じゃくてんきょうか》タイムを作《つく》ってみよう。集中《しゅうちゅう》して勉強《べんきょう》することで苦《にが》手《て》も克服《こくふく》できて、格《かく》段《だん》にステップアップできるよ。

おすすめ勉強《べんきょう》アイテム

付《ふ》せん紙《し》やマーカーをどんどん利用《りよう》しよう。自分《じぶん》のわからない部分《ぶぶん》に貼《は》り付《つ》けたり、説明《せつめい》を書《か》き込《こ》んだりしてみよう。

30

理科《りか》で学《まな》んだことは自分《じぶん》の毎日《まいにち》の生活《せいかつ》に結《むす》びつけよう

理科《りか》は、1度《ど》おもしろさに気《き》づくと、どんどん夢中《むちゅう》になれる教科《きょうか》だよ。

自然《しぜん》の不思議《ふしぎ》、暮《く》らしの中《なか》の不思議《ふしぎ》。理科《りか》のおもしろさは生活《せいかつ》の中《なか》にひそんでいるんだ。理科《りか》で習《なら》ったことは、身《み》の回《まわ》りで再現《さいげん》されている。

理科《りか》は勉強《べんきょう》と思《おも》わずに「家《いえ》の周《まわ》りにあるかな？」「自分《じぶん》の場合《ばあい》はどうなる？」と、できるだけ自分《じぶん》に置《お》きかえて考《かんが》えてみよう。

太陽《たいよう》の動《うご》きを習《なら》ったら、自分《じぶん》の家《いえ》の窓《まど》から見《み》たら、どこからどう太陽《たいよう》が動《うご》くかな？　と考《かんが》える。

磁石《じしゃく》のことを習《なら》ったら、家《いえ》で磁石《じしゃく》でいろいろな物《もの》をくっつけて遊《あそ》んでみる。

理科《りか》で習《なら》ったことを、自分《じぶん》の生活《せいかつ》に関連《かんれん》づけることができれば、「あっ、あれか！」と理解《りかい》につながって、習《なら》ったことがわかりやすくなる。

理科《りか》のおもしろさもわかってくるよ。

暮《く》らしの中《なか》に理科《りか》がある

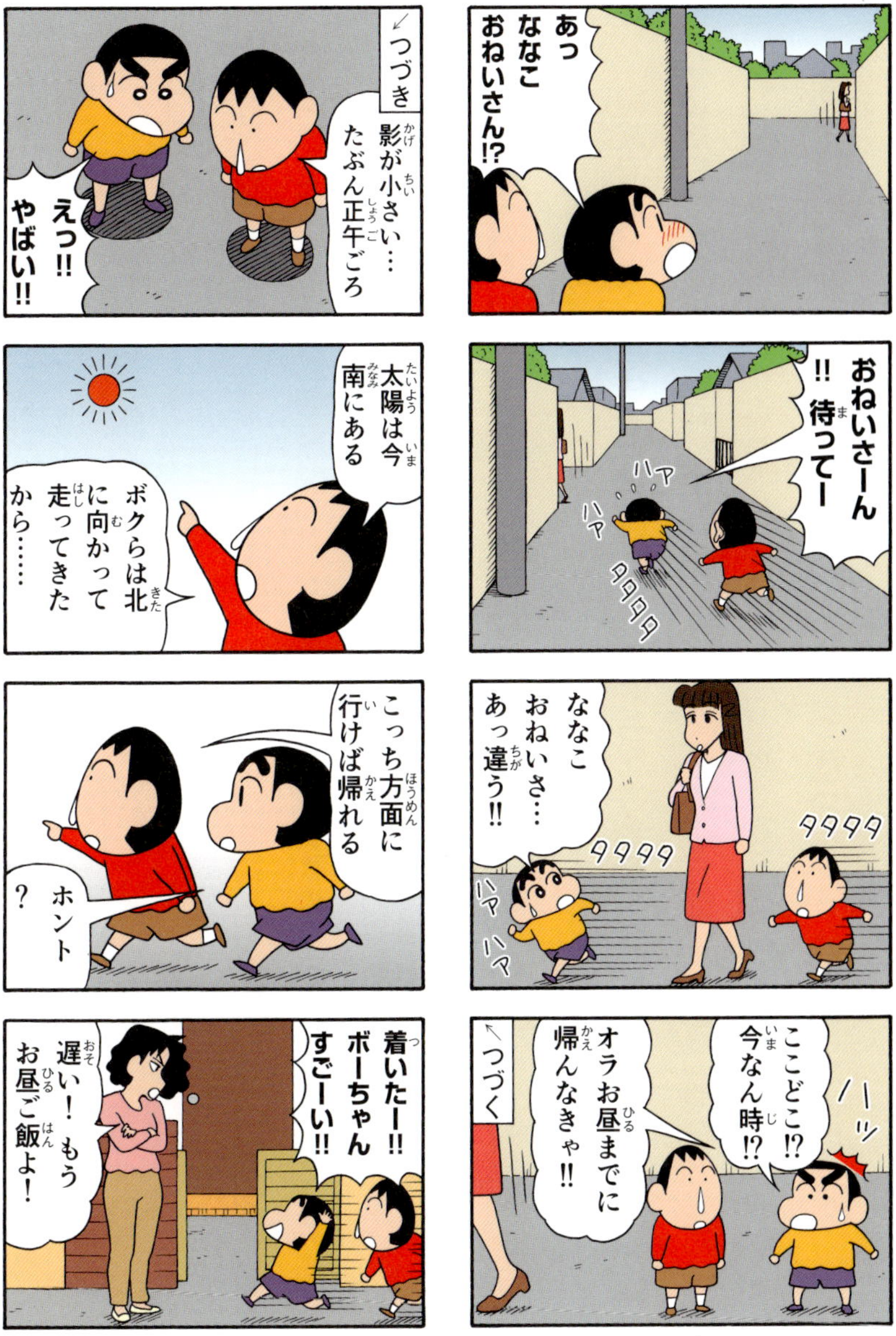

あっ ななこ おねいさん!?
おねいさーん!! 待《ま》ってー
ハァ ハァ
タタタタタ
ななこ おねいさ… あっ違《ちが》う!!
タタタタ
タタタタ
ハァ ハァ
ここどこ!? 今《いま》なん時《じ》!?
オラお昼《ひる》までに帰《かえ》んなきゃ!!
ハーッ
↖つづく
↙つづき
影《かげ》が小《ちい》さい… たぶん正午《しょうご》ごろ
えっ!! やばい!!
太陽《たいよう》は今《いま》南《みなみ》にある
ボクらは北《きた》に向《む》かって走《はし》ってきたから……
こっち方面《ほうめん》に行《い》けば帰《かえ》れる
ホント?
着《つ》いたー!! ボーちゃんすごーい!!
遅《おそ》い! もうお昼《ひる》ご飯《はん》よ!

31 科学《かがく》の実験教室《じっけんきょうしつ》や自然科学観察教室《しぜんかがくかんさつきょうしつ》に参加《さんか》しよう

地元《じもと》の児童館《じどうかん》や大学《だいがく》などでは、小学生向《しょうがくせいむ》けに科学《かがく》の実験教室《じっけんきょうしつ》が開《ひら》かれているところがある。

ひとりずつ道具《どうぐ》があって自分《じぶん》で実験《じっけん》できる教室《きょうしつ》が多《おお》いから、楽《たの》しいよ。ぜひ参加《さんか》してみよう。

実験《じっけん》では、光《ひかり》や炎《ほのお》が出《で》たり、においがしたり。本《ほん》もいいけど、手《て》を動《うご》かし、体《からだ》で感《かん》じながら実験《じっけん》するドキドキとスリルにはかなわない。

星空《ほしぞら》や動植物《どうしょくぶつ》を観察《かんさつ》する自然観察教室《しぜんかんさつきょうしつ》もおすすめ。自分《じぶん》だけでは見落《みお》としてしまうものを教《おし》えてもらえるよ。

ひとりではなかなか理科《りか》の実験《じっけん》ってできない。だから、まずは科学教室《かがくきょうしつ》などに参加《さんか》してみるんだ。仲《なか》のいい友《とも》だちをさそってもいい。

そのうちに、「自分《じぶん》のやり方《かた》でもっとやってみたい」と思《おも》うもの。そうなったら、小《ちい》さな理科博士《りかはかせ》の誕生《たんじょう》だ！

科学実験教室《かがくじっけんきょうしつ》に行《い》ってみよう

お！ボーちゃん何《なに》しに来《き》たの？
科学実験《かがくじっけん》の教室《きょうしつ》に来《き》たんだよ
児童館《じどうかん》
そっかオラは母《かあ》ちゃんに言《い》われて「蚊《か》が食《く》う事件《じけん》」を見《み》に来《き》たの
それたぶん「科学実験《かがくじっけん》」の聞《き》きまちがいだよ
をつくろう！
今日《きょう》はこれらの材料《ざいりょう》を使《つか》ってスライムを作《つく》りまーす
のり
みず
ホウ砂
ホントだ蚊《か》は関係《かんけい》ないゾ
絵《え》の具《ぐ》で色《いろ》をつけた水《みず》と洗濯《せんたく》のりをよくまぜましょ～
つづく
つづき
ホウ砂《しゃ》を溶《と》かしたお湯《ゆ》をさっきの色水《いろみず》に注《そそ》ぎまーす
おおー できたー!!
でろ～
見《み》て 巨大《きょだい》ハナ水《みず》
…ボーちゃんそれやるために来《き》たの？
帰宅後《きたくご》
ほーらハナ水《みず》だゾ～
キャッ
キャッ
楽《たの》しかったみたいね よかった！

32 料理《りょうり》をしよう。理科《りか》だけでなくすべての学科《がっか》の勉強《べんきょう》になる！

「こわい」という気持《きも》ちが理科嫌《りかぎら》い、苦手意識《にがていしき》の元《もと》になっている人《ひと》がいる。

ビーカーなどの道具《どうぐ》を壊《こわ》しそうだったり、植物観察《しょくぶつかんさつ》で毛虫《けむし》がこわかったり。

そんな人《ひと》は、料理《りょうり》を始《はじ》めよう！

火《ひ》をつけたり、包丁《ほうちょう》を持《も》ったり。家《いえ》で手伝《てつだ》いをしながら慣《な》れていこう。

春《はる》になったらじゃがいもから芽《め》が出《で》てきたり、無農薬《むのうやく》のキャベツから青虫《あおむし》が出《で》てきたり！ 卵《たまご》を焼《や》いたら固《かた》まるのはなぜだろう？ 料理《りょうり》って自然観察《しぜんかんさつ》であり、科学実験《かがくじっけん》なんだ。

料理《りょうり》に慣《な》れたら、火《ひ》やガラス、ナイフを扱《あつか》うことは軽《かる》くできるようになる。学校《がっこう》の実験《じっけん》なんて楽勝《らくしょう》だ。

それに、材料《ざいりょう》を計算《けいさん》したり量《はか》ったりするのは算数《さんすう》の勉強《べんきょう》だし、素材《そざい》の産地《さんち》を知《し》ることは社会《しゃかい》の勉強《べんきょう》にもなる！

料理《りょうり》をきっかけに、勉強全般《べんきょうぜんぱん》、よくできるようになっちゃうよ。

えんぴつしんちゃん~もしもしんのすけが小学生《しょうがくせい》だったら~

生《い》き物《もの》に親《した》しもう

桜田家《さくらだけ》
理科《りか》の本《ほん》ってちょっとニガテ~
なんで?
たのしい理科《りか》
虫《むし》とか魚《さかな》とかの絵《え》がこわいんだもん
ああ…パパも毛虫《けむし》が苦手《にがて》だからちょっとわかるよ
でもパパは魚《さかな》が好《す》きだよ だからネネもきっと慣《な》れるよ
お寿司《すし》は好《す》きでしょ?
う~ん好《す》きだけど…
次《つぎ》の日曜日《にちようび》
海《うみ》の つりぼり
釣《つ》った魚《さかな》持《も》ち帰《かえ》っていいぜ
ここには海《うみ》の魚《さかな》がいるんだよ
うわあ~!! でもムリムリムリ!! 疑似餌《ぎじえ》
うにょ~~
じゃあ練《ね》り餌《え》にしましょうか
いつものパパじゃない……
よーし釣《つ》るぞ~!
わくわく…
あれー? 桜田《さくらだ》さんじゃないですか!
野原《のはら》さん!
しんちゃん!
よ
……何《なに》やってんの?
つりぼりでしりづりだゾ!
早口言葉《はやくちことば》?

※疑似餌《ぎじえ》→にせ物《もの》の虫《むし》の形《かたち》のえさ

つづく→

お下品《げひん》で すみません
子《こ》どもらしくて いいですよ
あれじゃ 釣《つ》れないのに
おっ かかった!
えっ
ピクッ
パチャッ
やったー!!
うそだ……
30分後《ぷんご》
よっしゃ 4匹目《ひきめ》
初《はじ》めは そんな もんだよ
全然《ぜんぜん》釣《つ》れない …つまんない
ピクッ
あっ かかった ?
ゆっくり リール 巻《ま》いて…!
ネネちゃん がんばれー
キリ キリ キリ…
やったー!!
その夜《よる》の桜田家《さくらだけ》
さあ 今日《きょう》の夕飯《ゆうはん》は アジづくしだ ぞ〜!
それネネが 釣《つ》ったアジ だよ!
ザクッ
頭《あたま》を落《お》として 内臓《ないぞう》を取《と》る

サッ
サッ
そして背骨《せぼね》に沿《そ》って身《み》を切《き》り離《はな》す…
これが三枚《さんまい》おろしだよ 残《のこ》りのアジも同様《どうよう》にする
へ～
アジの半分《はんぶん》は包丁《ほうちょう》で叩《たた》いて細《こま》かくする
トン
トン
トン
もう半分《はんぶん》は薄力粉《はくりきこ》をまぶして焼《や》き…梅肉《ばいにく》・酒《さけ》・みりん・砂糖《さとう》・しょう油《ゆ》で味《あじ》つけする
ジュ～
いただきまーす！
アジのたたき↓
アジの梅《うめ》かば焼《や》き↓
どっちもアジなのになんで焼《や》いたほうは色《いろ》が白《しろ》っぽくなるの?
魚《さかな》の身《み》はたん白質《ぱくしつ》でできているからだよ
肉《にく》・魚《さかな》・卵《たまご》などの成分《せいぶん》は熱《ねつ》を加《くわ》えると色《いろ》が白《しろ》くにごるためにたん白質《ぱくしつ》と言《い》われるようになったんだ たん白質《ぱくしつ》は体《からだ》によくてうまみ成分《せいぶん》も豊富《ほうふ》なんだよ
へー!!
虫《むし》の体《からだ》もたん白質《ぱくしつ》よ だから おいしいの
この前友《まえとも》だちと虫料理《むしりょうり》の店《みせ》に行《い》ったけど おいしかったわよ♪
たけむしのフライ
え…
ネネは魚《さかな》に触《さわ》れるようになったんだから パパも虫《むし》に挑戦《ちょうせん》してみたら
ハハハ そのうちね～
パパ がんばって!!

33

学校《がっこう》の勉強《べんきょう》でやったことを自分《じぶん》なりに深掘《ふかぼ》りしよう！

理科《りか》で習《なら》うことは、いろいろな種類《しゅるい》の勉強《べんきょう》があって幅広《はばひろ》い。でも、学校《がっこう》で習《なら》うことはほんの少《すこ》し。

学校《がっこう》ではキャベツにモンシロチョウがたまごを産《う》みつけることを習《なら》った。

それなら、他《ほか》のチョウはどうなんだろう？「もっと知《し》りたい！」と、**自《じ》分《ぶん》で調査《ちょうさ》したり研究《けんきゅう》したりしてみよう。**

それが、理科《りか》をおもしろくするコツ。

とりあえず手軽《てがる》にネットで調《しら》べてもいいし、まんがで読《よ》める科学《かがく》の本《ほん》もたくさんある。深掘《ふかぼ》りすれば、教科書《きょうかしょ》レベルのことは簡単《かんたん》に理解《りかい》できるようになってしまう。

虫《むし》や星《ほし》のことなど、気《き》になったことをどんどん自分《じぶん》で調《しら》べていくのはかっこいいし、何《なに》より楽《たの》しい。

自分《じぶん》は、学校《がっこう》で習《なら》うより深《ふか》く物《もの》を知《し》ることができたぞ、と思《おも》えると、大《おお》きな自信《じしん》になるよ。

習《なら》ってなくても調《しら》べよう

冬《ふゆ》
今日《きょう》は 天気《てんき》がよくて 雲《くも》ひとつないね
うれし〜♪
え〜!! あんまり うれしくない!
なんで?
だって晴《は》れた 日《ひ》の次《つぎ》の日《ひ》は いつも寒《さむ》く なるんだもん
そんなの 気《き》のせい だよ〜!
アハハハ…
この前《まえ》そう だったもん!! ネネ寒《さむ》いの 大嫌《だいきら》いだから わかるもん!!
桜田家《さくらだけ》
「気《き》のせい」 って言《い》われ た! くやし 〜い!!
あらあら… 本当《ほんとう》のこと なのにねえ
←つづく
↙つづき
え!? やっぱり そうなの?
確《たし》かそうよ…なんて 言《い》うんだっけ…?
「冬《ふゆ》の晴《は》れた日《ひ》の翌朝《よくあさ》」 …そうだ「放射冷却《ほうしゃれいきゃく》」!!
ホーシャ レーキャク…?
「よく晴《は》れた日《ひ》は 雲《くも》などさえぎる物《もの》がなく 地面《じめん》の熱《ねつ》が放出《ほうしゅつ》されて 次《つぎ》の日《ひ》の朝《あさ》は寒《さむ》くなる」 んだって
へ〜!!
次《つぎ》の日《ひ》の朝《あさ》
ネネちゃんの 言《い》う通《とお》りだね 今朝《けさ》はすごく 寒《さむ》いよ!
さぶ〜
ふふん! すごいでしょ 中学《ちゅうがく》で習《なら》うこと なんだって!

34

じーっと見《み》つめよう 違《ちが》い、変化《へんか》を発見《はっけん》しよう！

じーっとみつめて、小《ちい》さな違《ちが》いや、少《すこ》しずつ変化《へんか》していく様子《ようす》に気《き》づいてみよう。それこそ理科《りか》の能力《のうりょく》だよ。

学校《がっこう》でいっせいにやっているとつまらない「植物《しょくぶつ》の観察《かんさつ》」も、自分《じぶん》で一生《いっしょう》懸命《けんめい》に見《み》つめて違《ちが》いや変化《へんか》に気《き》づくことができれば、おもしろくなる。

同《おな》じ種類《しゅるい》の虫《むし》のはずなのに、色《いろ》が違《ちが》うものがいる、違《ちが》う種類《しゅるい》なのかな？

海水浴《かいすいよく》に行《い》ってたくさん集《あつ》めた貝《かい》。

不思議《ふしぎ》な形《かたち》、これは何《なん》の貝《かい》だろう？

自分《じぶん》の飼《か》っている猫《ねこ》と、友《とも》だちの猫《ねこ》、どうして同《おな》じ猫《ねこ》なのに好《す》きな食《た》べ物《もの》が違《ちが》うんだろう？

よく見《み》よう。違《ちが》い、変化《へんか》に気《き》づこう！ それが理科《りか》の勉強《べんきょう》の始《はじ》まりだよ。

ひょっとすると、きみが、新《あたら》しい種《しゅ》類《るい》の貝《かい》や虫《むし》を発見《はっけん》したり、今《いま》まで知《し》られていなかった猫《ねこ》の特徴《とくちょう》に気《き》づいたりするかもしれないんだ！

じーっと見《み》よう

じ〜〜っ
ボーちゃんその石《いし》がどうかした
?
昨日《きのう》川原《かわら》で拾《ひろ》ったんだけど
あやしい……
どこが?ただの石《いし》よ
博物館《はくぶつかん》のバックヤード
博物館《はくぶつかん》の先生《せんせい》に聞《き》いたら大昔《おおむかし》の埼玉《さいたま》にいたパレオパラドキシアっていうカバの背骨《せぼね》の化石《かせき》だった
ボーちゃんてやっぱすごい
……

よく見《み》てよ

しんちゃんおはよう!
ネネちゃんおはようかんならとらや
……
やっぱダメねしんちゃんはボーちゃんなら気《き》づくわ
?
ボーちゃんおはよう!
おはよう
……
もうっ!みんなどこ見《み》てんのよ!!
ゆうべ前髪《まえがみ》切《き》ったのに!!
石《いし》ならよく見《み》るんだけど
……

35 社会《しゃかい》は「なるほど〜」とつながりがわかればおもしろくなる

社会《しゃかい》は、覚《おぼ》えなければならないことがいっぱい。でも、社会《しゃかい》はただの暗記《あんき》の勉強《べんきょう》じゃないんだ。

今《いま》の世《よ》の中《なか》がこうなっているのはこんな歴史《れきし》、こんな気候《きこう》、こんな地形《ちけい》だからなのか、なるほど〜！と世界《せかい》のいろんな出来事《できごと》を理解《りかい》できる教科《きょうか》なんだ。

暗記《あんき》は後《あと》にして、「なぜだろう？」を考《かんが》えてみよう。「なるほど！」をゲットするために勉強《べんきょう》してみよう。

「日本《にほん》では米《こめ》が主食《しゅしょく》」なのはなぜだろう？それは、高温多雨《こうおんたう》の気候《きこう》が米作《こめづく》りに合《あ》っていたから。また、日本《にほん》は国土《こくど》が狭《せま》く、小麦《こむぎ》より米《こめ》の生産《せいさん》は効率《こうりつ》がよかった。——そんなふうに、勉強《べんきょう》すればいろいろな「理由《りゆう》」がわかってくる。

それは、世《よ》の中《なか》にたくさんある情報《じょうほう》の中《なか》で、正《ただ》しい情報《じょうほう》を選《えら》ぶために必要《ひつよう》な、大切《たいせつ》な基礎知識《きそちしき》となるよ。

名物《めいぶつ》を知《し》ろう①

山梨《やまなし》にぶどう狩《が》りに行《い》ってきたの！おすそわけ
まぁ！ありがとうございます！
山梨《やまなし》はぶどうの名産地《めいさんち》だからきっとおいしいよ
ねえさんち？
・・・・・めいさんち！ぶどうが名物《めいぶつ》ってこと！
ふーん…埼玉《さいたま》は何《なに》が名物《めいぶつ》なの？
う〜ん…さつまいもとか？
カスカベは桐《きり》たんすが名物《めいぶつ》らしいぞ
おお!!父《とう》ちゃんのいなかで食《た》べたゾ！うまかった！
それは・・・きりたんぽ!!桐《きり》たんすは食《く》えねえよ!!

名物《めいぶつ》を知《し》ろう②

母《かあ》ちゃんのいなかは何《なに》かおいしいのある？
あるよだご汁《じる》とか…
ダゴジル？妖怪《ようかい》みたいなお名前《なまえ》
ようかいダゴジル
・・だごって団子《だんご》のことよすいとんが入《はい》ったけんちん汁《じる》みたいなの！
熊本《くまもと》は他《ほか》にもおいしい物《もの》がいっぱいよ馬刺《ばさ》しとかすいかとか…
おお…!!
オラ大《おお》きくなったら「日本一周《にほんいっしゅう》名物《めいぶつ》を食《た》べる旅《たび》」するゾ!!
食《く》いしん坊《ぼう》だと地理《ちり》が得意《とくい》になりそうね

36 地図帳《ちずちょう》で遊《あそ》ぼう 地名探《ちめいさが》しゲームをしよう

地図帳《ちずちょう》をリビングに置《お》いておこう。日本地図《にほんちず》、世界地図《せかいちず》をテレビのそばに貼《は》っておくのもいい。

地図《ちず》でいろんな遊《あそ》びができるよ。ニュースやスポーツの国際試合《こくさいじあい》など、テレビ番組《ばんぐみ》で地名《ちめい》を見《み》たら、「どっちが先《さき》に見《み》つけられるか！」と、兄弟《きょうだい》で「地名《ちめい》・国名《こくめい》さがし」ゲーム。

地図《ちず》を参考《さんこう》に、県庁所在地《けんちょうしょざいち》や世界《せかい》の国《くに》の首都《しゅと》をクイズにすれば、遊《あそ》びながら地名《ちめい》をマスターできる。地名《ちめい》や国名《こくめい》、その位置《いち》は、一度覚《いちどおぼ》えてしまえば、日本中《にほんじゅう》、世界中《せかいじゅう》の出来事《できごと》に自然《しぜん》に興味《きょうみ》を持《も》つことができる。

家族《かぞく》で地図《ちず》を見《み》て、夢《ゆめ》の旅行《りょこう》ルートをたどってみるのもいい。いつか行《い》けるかもしれないよ。

地図《ちず》に親《した》しんで、行《い》きたいところを見《み》つけてみよう！ 地図《ちず》を通《とお》して、世《せ》界《かい》へ視線《しせん》を向《む》けてみよう。

近所《きんじょ》の世界料理《せかいりょうり》

インドカレー店《てん》
ナン おいし〜♪
もぐ もぐ
おじさんは インド人《じん》？
ううん ネパール人《じん》
ネパールってどこ？
ネパールは インドのとなり
となり同士《どうし》の国《くに》は食文化《しょくぶんか》が少《すこ》し似《に》てるから作《つく》れる人《ひと》が多《おお》いんだよ
日本人《にほんじん》も中華料理店《ちゅうかりょうりてん》開《ひら》いてる人多《ひとおお》いでしょ
おおっ!! ホントだ!
似《に》たような外国料理店《がいこくりょうりてん》は他《ほか》にもあるよ

地図《ちず》で調《しら》べよう

日本地図《にほんちず》
オラの父《とう》ちゃんのいなかは秋田《あきた》で母《かあ》ちゃんは熊本《くまもと》なんだゾ
秋田《あきた》と熊本《くまもと》……？
日本地図《にほんちず》
うわーすごい離《はな》れてる!! いいなー里帰《さとがえ》りのたび「いなかに帰《かえ》る」って感《かん》じだねー!
うちパパもママもいなかが近《ちか》いからつまんないんだ〜
いいじゃん家族《かぞく》がすぐに会《あ》えるってうらやましいよ
日本《にほん》
世界地図《せかいちず》
あ…そうか…そうだね…
風間《かざま》くんのパパがいるオーストラリア

社会《しゃかい》がどんどん楽《たの》しくなる！

37 歴史《れきし》の勉強《べんきょう》は好《す》きな人物《じんぶつ》の物語《ものがたり》を楽《たの》しもう

社会《しゃかい》の中《なか》でも、歴史《れきし》は、覚《おぼ》えることが多《おお》くてテストの勉強《べんきょう》が大変《たいへん》。でも、いろいろな歴史上《れきしじょう》の人物《じんぶつ》が出《で》てきて、どんな人《ひと》か知《し》っていくのは楽《たの》しい。大好《だいす》きな人物《じんぶつ》を作《つく》って、その人《ひと》を中《ちゅう》心《しん》に歴史《れきし》を覚《おぼ》えるといいよ！

まんがやテレビドラマなど、歴史《れきし》を題材《だいざい》にしたおもしろい作品《さくひん》はいっぱいある。気《き》になった人物《じんぶつ》の一生《いっしょう》を追《お》いかけてみよう。

たとえば、織田信長《おだのぶなが》が好《す》きなら、室《むろ》町時代《まちじだい》の最後《さいご》から、家来《けらい》だった豊臣秀《とよとみひで》吉《よし》の天下統一《てんかとういつ》までたどっていける。ひとりの人物《じんぶつ》のストーリーを追《お》うだけで、100年《ねん》くらいの歴史《れきし》の流《なが》れを知《し》ることができるんだ。

人物《じんぶつ》のことを調《しら》べるときは、できるだけ肖像画《しょうぞうが》や絵《え》などの資料《しりょう》を見《み》てイメージをふくらませてみよう。歴史《れきし》の勉《べん》強《きょう》は楽《たの》しまなければ損《そん》だよ！

お札《さつ》の賢人《けんじん》①

この人《ひと》 何《なに》した人《ひと》
？
津田梅子《つだうめこ》ね 津田塾《つだじゅく》って 女子大学《じょしだいがく》を 作《つく》った人《ひと》よ
日本銀行券
5000
6歳《さい》でアメリカに留学《りゅうがく》したんだって
教科書《きょうかしょ》に載《の》ってたよ
えっネネのひとつ上《うえ》で!? すごーい!!
昔《むかし》は大学《だいがく》って男《おとこ》の人《ひと》専用《せんよう》だったから
女《おんな》の人用《ひとよう》に別《べつ》の学校《がっこう》を作《つく》る必要《ひつよう》があったの
そこしか行《い》っちゃいけなかったの？
でもその後《あと》少《すこ》しずつ女性《じょせい》も大学《だいがく》に進学《しんがく》するようになったのよ
ネネ受《う》ける大学《だいがく》いっぱいあってよかった～！

お札《さつ》の賢人《けんじん》②

コレ父《とう》ちゃんの宝物《たからもの》！ 昔《むかし》のお札《さつ》だぞ
おおー すごい!! 誰《だれ》？ この人《ひと》
日本銀行券
壱万円
10000
聖徳太子《しょうとくたいし》っていう昔《むかし》の政治家《せいじか》だよ 詳《くわ》しくは学習《がくしゅう》まんがでも読《よ》みな
ほう ほう
「一度《いちど》に10人《にん》の話《はなし》を聞《き》き分《わ》けた」って伝説《でんせつ》があるほど賢《かしこ》かったらしい
ええっ 一度《いちど》に10人《にん》!?
じゃ この帽子《ぼうし》取《と》ったら 耳《みみ》がいっぱいはえてんの？
んなわけねえだろ

38 大事《だいじ》な年号《ねんごう》はおもしろ語呂《ごろ》合《あ》わせでバッチリ！

社会《しゃかい》の歴史《れきし》に出《で》てくる大事《だいじ》な年号《ねんごう》は、語呂《ごろ》合《あ》わせで楽《たの》しく覚《おぼ》えよう。

有名《ゆうめい》なものでは、「蒸《む》し米《ごめ》（645）で祝《いわ》おう大化《たいか》の改新《かいしん》」「鳴《な》くよ（794）うぐいす平安京《へいあんきょう》」などなど。知《し》っているかな？

語呂《ごろ》合《あ》わせの技《わざ》を使《つか》うと、効率《こうりつ》よく記憶《きおく》にとどめておくことができるんだ。

参考書《さんこうしょ》やネットをさがせば、おもしろい語呂《ごろ》合《あ》わせがたくさん出《で》てくる。

いろいろあるけど、混乱《こんらん》しちゃうから、最初《さいしょ》は重要《じゅうよう》な年号《ねんごう》だけにしぼって暗記《あんき》するといいよ。

語呂《ごろ》合《あ》わせは、自分《じぶん》で作《つく》ってみてもいい。友《とも》だちに発表《はっぴょう》しようと考《かんが》えれば楽《たの》しいし、しっかり覚《おぼ》えられる。

ポイントになる年号《ねんごう》さえ頭《あたま》に入《い》れれば、大《おお》きな歴史《れきし》の流《なが》れをつかむことができる。歴史《れきし》の勉強《べんきょう》がぐーんとラクになるよ！

えんぴつしんちゃん～もしもしんのすけが小学生《しょうがくせい》だったら～

ごろ合《あ》わせを考《かんが》えよう

あっおはよう しんのすけ!!
助《たす》けてくれ
お? どしたの 意地目《いじめ》くん
兄《にい》ちゃんが今日《きょう》社会《しゃかい》のテストでイライラしてて…
平城京遷都《へいじょうきょうせんと》はなん年《ねん》だっけ…710年《ねん》? 覚《おぼ》えられねー!!
い社会 歴史編 6
な《7》っと《1》うお《0》いしい ヘージョーキョーセントー
な《7》っと《1》うで《0》 710年《ねん》!?
すげー 覚《おぼ》えやすい!!
師匠《ししょう》ありがとう!! 助《たす》かるぜ!
どーいたしまして…でヘージョーキョーセントーってどこのお風呂屋《ふろや》?

食《く》いしん坊《ぼう》ごろ合《あ》わせ

年号《ねんごう》の師匠《ししょう》! もっとごろあわせ考《かんが》えてくれ
新しい社会 歴史編 6
ブ・ラジャー!!
大化《たいか》の改新《かいしん》 645年《ねん》
ム《6》シャ《4》ム《6》シャ《4》ご《5》はん タイカノカイシン
墾田永年私財法《こんでんえいねんしざいほう》 743年《ねん》
な《7》し《4》3《3》つで コンデンエーネンシザイホー
平安京遷都《へいあんきょうせんと》 794年《ねん》
ナ《7》ベ食《9》ってヨ《4》シ ヘーアンキョー
しんのすけのごろ合《あ》わせって食《た》べることばっかだな…

39 今《いま》なぜこんなことが起《お》こってるの？ニュースに関心《かんしん》を持《も》ってみよう

「なぜ今《いま》こんなことが起《お》こっているの？」と世《よ》の中《なか》に疑問《ぎもん》を持《も》とう。ニュースなど、今世界《いませかい》で話題《わだい》になっていることに注目《ちゅうもく》してみよう。「あっ、これ学校《がっこう》で勉強《べんきょう》したことに関係《かんけい》がある！」と気《き》づくことがある。社会《しゃかい》の授業《じゅぎょう》で習《なら》ったことを思《おも》い出《だ》して、考《かんが》えてみよう。

たとえば、「日本《にほん》のジェンダー平等《びょうどう》が118位《い》」というニュースがあった。

日本《にほん》では男女間《だんじょかん》で格差《かくさ》があって、男《だん》女平等《じょびょうどう》の達成率《たっせいりつ》は世界《せかい》146カ国中《こくちゅう》118位《い》という調査結果《ちょうさけっか》だったんだ。

学校《がっこう》では、現代《げんだい》では男子《だんし》も女子《じょし》も平《びょう》等《どう》の権利《けんり》を持《も》っている、と習《なら》ったのに、きみはなぜだろう？ と思《おも》うはず。

家族《かぞく》や先生《せんせい》、友《とも》だちに質問《しつもん》してみよう。おもしろい議論《ぎろん》ができるかも！

そんな疑問《ぎもん》が、将来勉強《しょうらいべんきょう》したいことの出発点《しゅっぱつてん》になることもあるよ！

地球温暖化問題《ちきゅうおんだんかもんだい》

いい天気《てんき》だしプール行《い》くかしんのすけー
きょうは災害級《さいがいきゅう》のあつさで……
父《とう》ちゃんテレビが暑《あつ》すぎるから外《そと》に出《で》るなって!
お? そ…そうか…
地球温暖化《ちきゅうおんだんか》が進《すす》んでるんだなぁ…
チキュー…何《なに》? うどんカ?
・・・・・おんだんか!!
おれの子《こ》どもの頃《ころ》は家《いえ》にエアコンなかったけど耐《た》えられたんだぜ
えー!! じゃあ夏《なつ》がなかったのか
そんな訳《わけ》ねえだろ

少子化問題《しょうしかもんだい》

うちの母《かあ》ちゃん手抜《てぬ》き料理《りょうり》ばっかで~
そんなこと言《い》わないで…しんちゃんのママは忙《いそが》しいんだから
ええ!? ずっと家《いえ》にいるのに?
赤《あか》ちゃんのお世話《せわ》してるんでしょ?
先生《せんせい》は今《いま》保育園《ほいくえん》に赤《あか》ちゃんを預《あず》けてるから働《はたら》けてるのよ
少子化問題《しょうしかもんだい》は世《よ》の中《なか》が家事《かじ》・育児《いくじ》を甘《あま》く見《み》てたからだと思《おも》うのよね
共働《ともばたら》きしながら家事《かじ》・育児《いくじ》するのって本当《ほんとう》にたいへんだもの…
……
よくわかんないけど母《かあ》ちゃんって毎日《まいにち》がんばってたんだね
何《なに》よ急《きゅう》に!?
……フフッ

英語《えいご》がもっと楽《たの》しくなる！

40 英語《えいご》はたくさん聞《き》いて まず好《す》きになろう

小学校《しょうがっこう》の英語《えいご》の授業《じゅぎょう》では、外国語《がいこくご》の先生《せんせい》の話《はな》す英語《えいご》を直接《ちょくせつ》聞《き》いたり、映像《えいぞう》で英語《えいご》を聞《き》いたりすることができる。学校《がっこう》の授業《じゅぎょう》以外《いがい》でも、いろんな場《ば》で英《えい》語《ご》を聞《き》いてみよう。

大事《だいじ》なのは、小学生《しょうがくせい》のうちにネイティブ（英語《えいご》を母国語《ぼこくご》にしている人《ひと》）の発音《はつおん》をたくさん聞《き》いておくこと。外国語《がいこくご》をシャワーのようにたくさん浴《あ》びることが大切《たいせつ》なんだ。

小学校《しょうがっこう》のうちに、耳《みみ》でいろいろ聞《き》いておけば、中学《ちゅうがく》からの英語《えいご》の勉強《べんきょう》で「あっ、これ知《し》ってる！」とスムーズに入《はい》っていける。

メジャーリーグの音声《おんせい》を英語《えいご》にしてもいいし、海外《かいがい》のアニメや映画《えいが》を観《み》てもいい。YouTube《ユーチューブ》などの動画《どうが》ではたくさんの英語《えいご》を聞《き》くことができるよ。

小学生《しょうがくせい》のうちに英語大好《えいごだいす》き！　という気持《きも》ちをつくっておこう。

生《なま》の英語《えいご》を聞《き》いてみよう

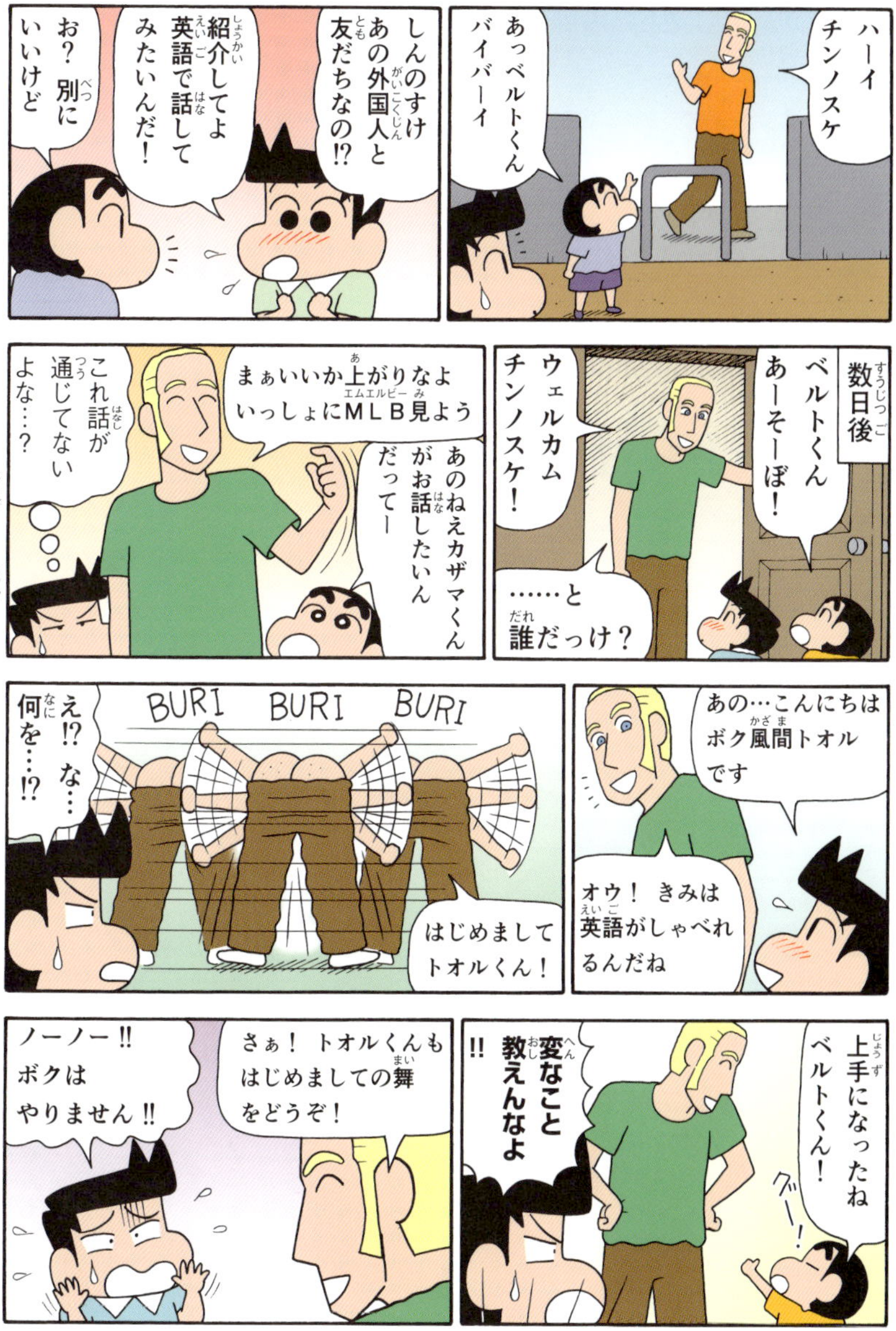
ハーイ チンノスケ
あっベルトくん バイバーイ
しんのすけ あの外国人《がいこくじん》と 友《とも》だちなの!?
紹介《しょうかい》してよ 英語《えいご》で話《はな》して みたいんだ!
お? 別《べつ》に いいけど
数日後《すうじつご》
ベルトくん あーそーぼ!
ウェルカム チンノスケ!
……と 誰《だれ》だっけ?
あのねえカザマくん がお話《はな》ししたいん だってー
まぁいいか上《あ》がりなよ いっしょにMLB《エムエルビー》見《み》よう
これ話《はなし》が 通《つう》じてない よな…?
あの…こんにちは ボク風間《かざま》トオル です
オウ! きみは 英語《えいご》がしゃべれ るんだね
はじめまして トオルくん!
BURI BURI BURI
え!? な… 何《なに》を…!?
上手《じょうず》になったね ベルトくん!
グー!
変《へん》なこと 教《おし》えんなよ!!
さぁ! トオルくんも はじめましての舞《まい》 をどうぞ!
ノーノー!! ボクは やりません!!

※横書《よこが》きは英語《えいご》だよ

↑つづく

ショーヘー
オータニ〜!!
イッツショー
タイム!!
あ！ ほら
大谷翔平《おおたにしょうへい》だよ！
大谷《おおたに》は忍者《にんじゃ》の修行《しゅぎょう》を終《お》えてからアメリカに渡《わた》ったの？※
……ちょっと何言《なにい》ってるかわかんないです
お〜た〜に〜は〜
あの……ゆっくりしゃべってくださいって意味《いみ》ではなくてですね…
しんのすけ!! どんだけウソ教《おし》えてんだ!?
心外《しんがい》ですな オラはいつも本当《ほんとう》のことしか言《い》わないゾ
うそつけ!!
Strike out!!
あ〜大谷三振《おおたにさんしん》しちゃったね〜
すとらいかうと？
ロベルトさんは野球《やきゅう》をしたことありますか？
うん子《こ》どものころ少《すこ》しだけね
日本人《にほんじん》が野球好《やきゅうず》きなのは忍者《にんじゃ》の修行《しゅぎょう》メニューに入《はい》ってるからかい？
ヒュ〜〜
え？
パカッ
イエース イエース
意味《いみ》もわからずにイエスってゆうな！

…なんかドジャースじゃなくて「ダジャーズ」って言《い》ってない？
うんダジャーズって聞《き》こえる
「Dodgers」だよ
ダジャーズ？
そうそう！
あざーす！
アザースって何《なに》？
「ありがとう」って意味《いみ》です(野球部《やきゅうぶ》とかで)
オウ！アザースはありがとう
オータニ！
あっまた大谷《おおたに》の打席《だせき》だゾ
今度《こんど》こそ打《う》って！
カーン
ワオッ!!
わあっ!!
Beautiful!!
ビューティフォー！ビューティフォー！
Marvellous! Beautiful Home run!!
そして
楽《たの》しかったよまた来《き》てね
ありがとうございました
じゃ！
ただいまー！
ロベルトの好《す》きな芋《いも》せんべい買《か》ってきたよ
アザース！
なんだい？ ロベルト野球部《やきゅうぶ》みたいに……

英語《えいご》がもっと楽《たの》しくなる！

41

英語《えいご》は勉強《べんきょう》ではなく言語《げんご》 セリフや歌《うた》をまねっこして覚《おぼ》えよう

英語《えいご》は机《つくえ》でじっと勉強《べんきょう》しても頭《あたま》に入《はい》りにくいし、第一《だいいち》、つまらない！

英語《えいご》って、耳《みみ》と口《くち》、体《からだ》を連動《れんどう》させて聞《き》いたり話《はな》したりする「言語《げんご》」なんだ。

耳《みみ》で聞《き》いて、声《こえ》を出《だ》して積極的《せっきょくてき》にまねることで、英語《えいご》が身《み》についてくる。

中学生《ちゅうがくせい》や高校生《こうこうせい》と違《ちが》って、小学生《しょうがくせい》は耳《みみ》から覚《おぼ》えることが得意《とくい》。

どんどんまねしてしゃべってみよう。

おすすめは歌《うた》！


たくさん聞《き》いているうちに、自然《しぜん》に英語《えいご》のリズムに慣《な》れてくる。

ディズニーアニメなど、自分《じぶん》の好《す》きな英語《えいご》の歌《うた》やセリフを繰《く》り返《かえ》し見《み》て、まねっこしてみよう。

音楽《おんがく》がきっかけで英語好《えいごず》きになる人《ひと》は多《おお》いんだ。

英語《えいご》の名曲《めいきょく》はいっぱいある。お父《とう》さんやお母《かあ》さんに昔《むかし》のヒット曲《きょく》を教《おし》えてもらって、英語《えいご》で歌《うた》ってみよう！

映画《えいが》を英語《えいご》で見《み》てみよう！

待《ま》ってパパ
行《い》かないで!!
♪アリの〜パパの〜
姿見《すがたみ》せ〜る〜のだ〜
♪
また「穴《あな》とアリの王《おう》」見《み》てるの？もう全部《ぜんぶ》セリフ言《い》えそうね
うん！もう20回《かい》くらい見《み》てるもん
じゃあ英語《えいご》で見《み》ても楽《たの》しめるんじゃない？
言語
英語
日本語
ピッ
つづく
つづき
Let them see ~♪ Let them see ~♪
わっ英語《えいご》の歌《うた》になった！
♪レデム スィー♪
子《こ》どもってサラッと耳《みみ》コピできるのね〜
数日後《すうじつご》
ねぇママ「スクヮロル」ってリスって意味《いみ》なんだよ！
そうなの？ママ知《し》らない……
Squirrel
ほんやくサイト
本当《ほんとう》だすご…
この調子《ちょうし》で行《い》けば英語《えいご》がしゃべれるようになるんじゃ？

42

外国《がいこく》の人《ひと》と話《はなし》をしよう！覚《おぼ》えた英語《えいご》をどんどん使《つか》ってみよう！

せっかく覚《おぼ》えた英語《えいご》は、どんどん使《つか》ってみよう。英語《えいご》は使《つか》うことでどんどん上達《じょうたつ》するよ。

海外《かいがい》からたくさんの人《ひと》が来《き》ているし、行楽地《こうらくち》などでもチャンスはあるはず。英語《えいご》で話《はな》しかけてみよう。

一言《ひとこと》でも「通《つう》じた！」「うれしい！」という気持《きも》ちが、英語《えいご》の勉強《べんきょう》を楽《たの》しむことにつながるよ。

間違《まちが》ってもいいんだ。英語《えいご》を学《まな》ぶのはコミュニケーションのため。どんどんチャレンジしてみよう。

なかなか英語《えいご》を話《はな》す人《ひと》と出会《であ》う機会《きかい》がないなら、海外《かいがい》の歌手《かしゅ》や俳優《はいゆう》、スポーツ選手《せんしゅ》のファンになってみよう！

今《いま》は動画《どうが》などでスターからのメッセージを手軽《てがる》に聞《き》くことができる。

自分《じぶん》も英語《えいご》でメッセージを送《おく》るなら、なんて書《か》けばいいのかな、なんて考《かんが》え始《はじ》めると楽《たの》しいよね！

英語《えいご》でお手紙《てがみ》

しんのすけ また ロベルトさんと 話《はな》してみたいなぁ
ベルトくん アメリカに 帰《かえ》っちゃった ゾ
えっ!?
ガーン
だからオラたち つーぶんしてるんだゾ
文通《ぶんつう》だろ
そうとも ゆう～
カザマくんも いっしょに お返事《へんじ》 書《か》く?
書《か》く 書《か》く!!
そして
いらっしゃーい
こんにちは～
お待《ま》ちして ましたわん♡
↖つづく
↙つづき
これベルトくん からの手紙《てがみ》 意味《いみ》は 母《かあ》ちゃんが 教《おし》えてくれた
ロベルトさん やさしい英語《えいご》 使《つか》って くれてるね
返事《へんじ》はママに 書《か》いてもらってるの?
ううんオラ 絵《え》を描《か》いて 送《おく》ってる
じゃ しんのすけは いつも通《どお》り 絵《え》を描《か》いて
ボクは英語《えいご》で 書《か》いてみるよ
ふろオーケー カラオーケー
アメリカ
今回《こんかい》は 文章《ぶんしょう》が ついてる・・・
ああ・・・ トオル くんか!
I couldn't play
outside much
ow was it in your
ountry?
hope to play wit
gain someday.
rom TORU KAZAMA

体育《たいいく》、音楽《おんがく》、図工《ずこう》が得意《とくい》なら どんどん深《ふか》めて勉強《べんきょう》していこう！

国語《こくご》や算数《さんすう》が嫌《きら》いでも、図工《ずこう》、音楽《おんがく》、体育《たいいく》が大好《だいす》きな人《ひと》もいるよね。得意《とくい》な教科《きょうか》をどんどん深《ふか》めて勉強《べんきょう》していこう。

音楽《おんがく》の時間《じかん》にピアノが好《す》きになったけど、3歳《さい》からピアノをやってる○○さんと比《くら》べて、自分《じぶん》はもう遅《おそ》い、なんてあきらめてしまうことがある。

ちょっと待《ま》って！　10歳《さい》くらいから始《はじ》めてプロになった人《ひと》もいるよ。世界的《せかいてき》なトップバレリーナとして活《かつ》躍《やく》した吉田都《よしだみやこ》さんがバレエを始《はじ》めたのは9歳《さい》。

小学生《しょうがくせい》から始《はじ》めれば全然《ぜんぜん》遅《おそ》くない。

自分《じぶん》の「好《す》き」「やってみたい」の気持《きも》ちを大事《だいじ》にしよう！

人《ひと》とくらべる必要《ひつよう》なし。興味《きょうみ》を持《も》ったら、始《はじ》めればいいんだ。

勉強《べんきょう》を続《つづ》ければ、これらの学科《がっか》を専《せん》門的《もんてき》に勉強《べんきょう》する大学《だいがく》に行《い》くこともできる。教科《きょうか》の先生《せんせい》にも相談《そうだん》してみよう。

えんぴつしんちゃん〜もしもしんのすけが小学生《しょうがくせい》だったら〜

「やりたい」気持《きも》ちを大事《だいじ》にしよう

キーンコーンカーンコーン♪
セーフ
アクション小学校
遅刻《ちこく》よ! きみがモタモタしてるから
6-1
タタタ…
1時間目《じかんめ》は音楽《おんがく》なのにも〜!!
音楽室《おんがくしつ》
ジャーンジャーン♪
しんのすけくん何《なに》してんの!?
あれ? 班長《はんちょう》なんでここに?
こっちのセリフよ 1年《ねん》1組《くみ》はここじゃないよ!!
つづく
つづき
あんなヘタな演奏《えんそう》聞《き》かれて恥《は》ずかしくないの?
全然《ぜんぜん》
私《わたし》も人前《ひとまえ》でピアノ弾《ひ》けるようになりたいよ…
やれやれ…
でも今《いま》から習《なら》い始《はじ》めてもどうせヘタだもんね…
え〜! きっとうまくなるゾ
母《かあ》ちゃんが言《い》ってたゾ「人《ひと》は人《ひと》 自分《じぶん》は自分《じぶん》」って
うん……
1カ月後《げつご》
しんのすけくん私《わたし》ピアノ習《なら》い始《はじ》めちゃった
おーっ班長《はんちょう》かっこいい!!

それでも勉強《べんきょう》が嫌《きら》いなきみへ

44

勉強《べんきょう》がつまらないのは寝《ね》ていないからかも！

勉強《べんきょう》が苦手《にがて》なら、まずは早寝早起《はやねはやお》きからはじめてみよう。

学校《がっこう》で勉強《べんきょう》がつまらないのは、眠《ねむ》くてやる気《き》が出《で》ないからかも。

昔《むかし》は睡眠時間《すいみんじかん》を削《けず》って勉強《べんきょう》することがえらいと思《おも》われていたけど、脳《のう》のしくみが解明《かいめい》されて、今《いま》の常識《じょうしき》は逆《ぎゃく》になったんだ。

「しっかり寝《ね》ないと、勉強《べんきょう》の効果《こうか》が上《あ》がらない」「寝《ね》ている間《あいだ》に記憶《きおく》が整理《せいり》されて、学習《がくしゅう》したことが脳《のう》に定着《ていちゃく》する」ということがわかったんだ。

早寝早起《はやねはやお》きという正《ただ》しいリズムで生《せい》活《かつ》をしないと、気持《きも》ちが落《お》ち込《こ》んできてしまうこともわかってきた。

早《はや》く寝《ね》て、睡眠時間《すいみんじかん》はたっぷりとろう！　脳《のう》を働《はたら》かせるには寝《ね》ることが一《いち》番大事《ばんだいじ》だよ。

勉強《べんきょう》ができる人《ひと》はみんないっぱい寝《ね》ているよ。

寝《ね》ればよかった

惜《お》しかったね 風間《かざま》くん
ハイ…
ウ〜ッ くやしい!!
97
昨日《きのう》寝《ね》ないでがんばったかいがあったぞ♪
えっ!! 満点《まんてん》?
次《つぎ》のテスト前日《ぜんじつ》
今夜《こんや》は寝《ね》ないで満点《まんてん》取《と》るぞ!
↖つづく
トオルちゃーん起《お》きなさーい!
ハッ…
↙つづき
トオルちゃん気《き》をつけてね元気《げんき》ないけど…
平気《へいき》だよママ行《い》ってきまーす
いっぱい勉強《べんきょう》したぞ
テスト中《ちゅう》
風間《かざま》くん少《すこ》し下《さ》がっちゃったね
80
あ… あれ!?
やったー♪ 自己最高《じこさいこう》95点《てん》〜♪
なんだ…前回《ぜんかい》のぼくの点数《てんすう》のほうが上《うえ》だったのか

それでも勉強《べんきょう》が嫌《きら》いなきみへ

45

運動《うんどう》してから勉強《べんきょう》すると勉強《べんきょう》が楽《たの》しくなる!

勉強《べんきょう》はする気《き》にならない。それなら**まず、運動《うんどう》からやってみよう!**

テレビや動画《どうが》を観《み》たあとって、どうしても勉強《べんきょう》しようという気《き》になれない。それとは逆《ぎゃく》に、しっかり体《からだ》を使《つか》って運動《うんどう》したあとは、頭《あたま》がはたらいて、勉《べん》強《きょう》にスムーズに入《はい》れるようになるよ!

運動《うんどう》したら疲《つか》れそうな気《き》がするけど、実《じつ》は違《ちが》う。**体《からだ》を動《うご》かしたあとは、脳《のう》の血流《けつりゅう》がよくなって、頭《あたま》の働《はたら》きがよくなる**ことがわかっているんだ。

宿題《しゅくだい》をする前《まえ》に兄弟《きょうだい》でキャッチボールをしたりできたら最高《さいこう》だし、外遊《そとあそ》びを思《おも》いっきりやったあとは、必《かなら》ず机《つくえ》に座《すわ》って勉強《べんきょう》を少《すこ》しやる、と決《き》めておくのもいい。

スポーツクラブに所属《しょぞく》して忙《いそが》しそうな子《こ》が、案外勉強《あんがいべんきょう》ができたりするのは、**スポーツのおかげで脳《のう》がうまく働《はたら》いている**からかもしれないよ。

えんぴつしんちゃん～もしもしんのすけが小学生《しょうがくせい》だったら～

やりすぎに注意《ちゅうい》

ボーちゃん百点《ひゃくてん》だすごーい
オラテストの勉強《べんきょう》ってやる気《き》出《で》な～い
何《なに》かコツあるの？
さて…やるか
メン
メン
運動《うんどう》してから勉強《べんきょう》すると
集中《しゅうちゅう》できるよ
ほうほう
↖つづく
↙つづき
それから毎日《まいにち》
パーン
カントンメーン！
じゃ宿題《しゅくだい》やろっと！
ぐ～…
おふとんで寝《ね》なさい!!
運動《うんどう》したあと勉強《べんきょう》なんてできないゾ～!!
少《すこ》しは元気《げんき》も残《のこ》しておかなきゃ

46

どうしても勉強《べんきょう》が嫌《きら》い！ それならお手伝《てつだ》いをがんばろう！

どうしても勉強《べんきょう》が嫌《きら》いなら、しばらく勉強《べんきょう》から離《はな》れて、来《く》る日《ひ》も来《く》る日《ひ》も、徹底的《てっていてき》に家《いえ》のお手伝《てつだ》いをしてみよう。

家事《かじ》をしっかり覚《おぼ》えれば、勉強《べんきょう》ができなくても十分《じゅうぶん》生《い》きていける！ それに、掃除《そうじ》や皿洗《さらあら》いなど、家《いえ》の手伝《てつだ》いは、脳《のう》の活性化《かっせいか》にとても役立《やくだ》つんだ。

手《て》を使《つか》い、五感《ごかん》を働《はたら》かせて作業《さぎょう》すれば、頭《あたま》の回転《かいてん》がよくなるし、お手伝《てつだ》いを習慣化《しゅうかんか》できれば自律心《じりつしん》も高《たか》まる。家《か》族《ぞく》の役《やく》に立《た》つことで、大《おお》きな自己肯定《じここうてい》感《かん》を得《え》ることもできるんだ。

昔《むかし》の子《こ》どもたちは、農作業《のうさぎょう》など家族《かぞく》の仕事《しごと》を手伝《てつだ》わされて、その合間《あいま》にやっと教科書《きょうかしょ》を開《ひら》くことができた。勉強《べんきょう》したくてもできなかった、という話《はなし》をよく聞《き》くよね。

手伝《てつだ》いばかりしていると、どういうわけか不思議《ふしぎ》と勉強《べんきょう》したくなってくるものなんだ。

えんぴつしんちゃん～もしもしんのすけが小学生《しょうがくせい》だったら～

家事《かじ》ができれば自立《じりつ》ができる

意地目鯛太郎《いじめたいだろう》（小《しょう》5）
くっそ～！勉強《べんきょう》なんてつまんねーな
ただいま～
兄《にい》ちゃんおかえり 母《かあ》ちゃんまた残業《ざんぎょう》だって
しょうがねーな夕飯《ゆうはん》は野菜炒《やさいいた》めでいっか…
うん！ハムもあるよ
トントントントン
↖つづく
↙つづき
ジュージュー
兄《にい》ちゃんの野菜炒《やさいいた》めってお店《みせ》のやつみたい！
うま～
玉《たま》ネギを先《さき》にアメ色《いろ》になるまで炒《いた》めるのがコツだぜ
へ～あのお兄《にい》さんにそんな一面《いちめん》が…！
かっこいい!!
すげえだろーー！
家庭科調理実習《かていかちょうりじっしゅう》
意地目《いじめ》くんのお兄《にい》ちゃん味見《あじみ》させて～
鯛造《たいぞう》！友《とも》だちに言《い》いふらしてんじゃねーよ！

47

勉強《べんきょう》の目的《もくてき》を見《み》つけよう 夢《ゆめ》のための勉強《べんきょう》ならがんばれる

優秀《ゆうしゅう》な人《ひと》だって、勉強《べんきょう》がイヤになるときはある。それでも、「やろう」と思《おも》えるのは、目的《もくてき》があるからなんだ。

「医師《いし》になる」と決《き》めている人《ひと》は、大《だい》学《がく》の医学部《いがくぶ》に行《い》くという目標《もくひょう》があるから、勉強《べんきょう》を投《な》げ出《だ》さない。

きみも目標《もくひょう》を持《も》ってみよう。

どんな学校《がっこう》に行《い》くべきか、そのために今《いま》がんばりたい勉強《べんきょう》は何《なに》かを考《かんが》えてみよう。

ゲームを作《つく》る人《ひと》なら、プログラミングを覚《おぼ》えるために算数《さんすう》。野球選手《やきゅうせんしゅ》なら、体《からだ》のしくみを研究《けんきゅう》する理科《りか》も大事《だいじ》。海《かい》外《がい》で活躍《かつやく》したいなら英語《えいご》。

イラストレーターなら、図工《ずこう》だけでなく、本《ほん》の挿絵《さしえ》なども描《か》きたいから、国語《こくご》の勉強《べんきょう》をしっかりやる。

そんなふうに考《かんが》えると、勉強《べんきょう》する価《か》値《ち》がある教科《きょうか》っていっぱいあるんだ。

目標《もくひょう》ができたら、がんばれる!

目的《もくてき》をはっきりさせよう！

樹《いつき》〜宿題《しゅくだい》やんなさい
あ〜あめんどくせ〜
なんで勉強《べんきょう》しないといけないの!?
出《で》た！誰《だれ》もが一度《いちど》は抱《いだ》く疑問《ぎもん》！
あんた菜摘《なつみ》のボディガードになるんでしょ
おう！だから体育《たいいく》はがんばるぜ！
まちがった鍛《きた》えかたするとケガしたり病気《びょうき》になったりするよ
え!?
つづく
つづき
だから理科《りか》って大事《だいじ》なのよ
…じゃあ理科《りか》はがんばる！
理科《りか》の本《ほん》を読《よ》んでわかるには国語《こくご》もできないとねー
じゃあ国語《こくご》もがんばる!!
社会《しゃかい》のことも知《し》らないと悪《わる》い人《ひと》にだまされやすくなるわ
じゃあ社会《しゃかい》もがんばる!!
じゃとりあえず理科《りか》からやるか…
フフ…

48 先生《せんせい》に質問《しつもん》しよう 先生《せんせい》と仲《なか》よしになろう

先生《せんせい》の授業《じゅぎょう》がつまらないから、学校《がっこう》も勉強《べんきょう》つまらない、ということがある。でも、そんなときには、**どんどん先生《せんせい》に質問《しつもん》しよう。**

質問《しつもん》をすれば、たいていの先生《せんせい》は張《は》り切《き》って教《おし》えてくれる。

質問《しつもん》って作《つく》るのがむずかしい。**質問《しつもん》することができるだけで、きみがしっかり勉強《べんきょう》している証拠《しょうこ》になる。**

相性《あいしょう》がよくない先生《せんせい》もいるかもしれないけど、**質問《しつもん》することで、きみのやる気《き》をわかって、好意的《こういてき》になってくれて、関係《かんけい》がよくなることもあるよ！**

もちろん、別《べつ》のクラスの先生《せんせい》に質問《しつもん》したっていい。学校《がっこう》にはたくさんの先《せん》生《せい》がいるんだ。

礼儀《れいぎ》正《ただ》しく、「質問《しつもん》していいですか？」と聞《き》いてから質問《しつもん》すればいい。

先生《せんせい》になんでも教《おし》えてもらって、どんどん仲《なか》よくなっちゃおう！

えんぴつしんちゃん～もしもしんのすけが小学生《しょうがくせい》だったら～

みんなのためにも質問《しつもん》しよう

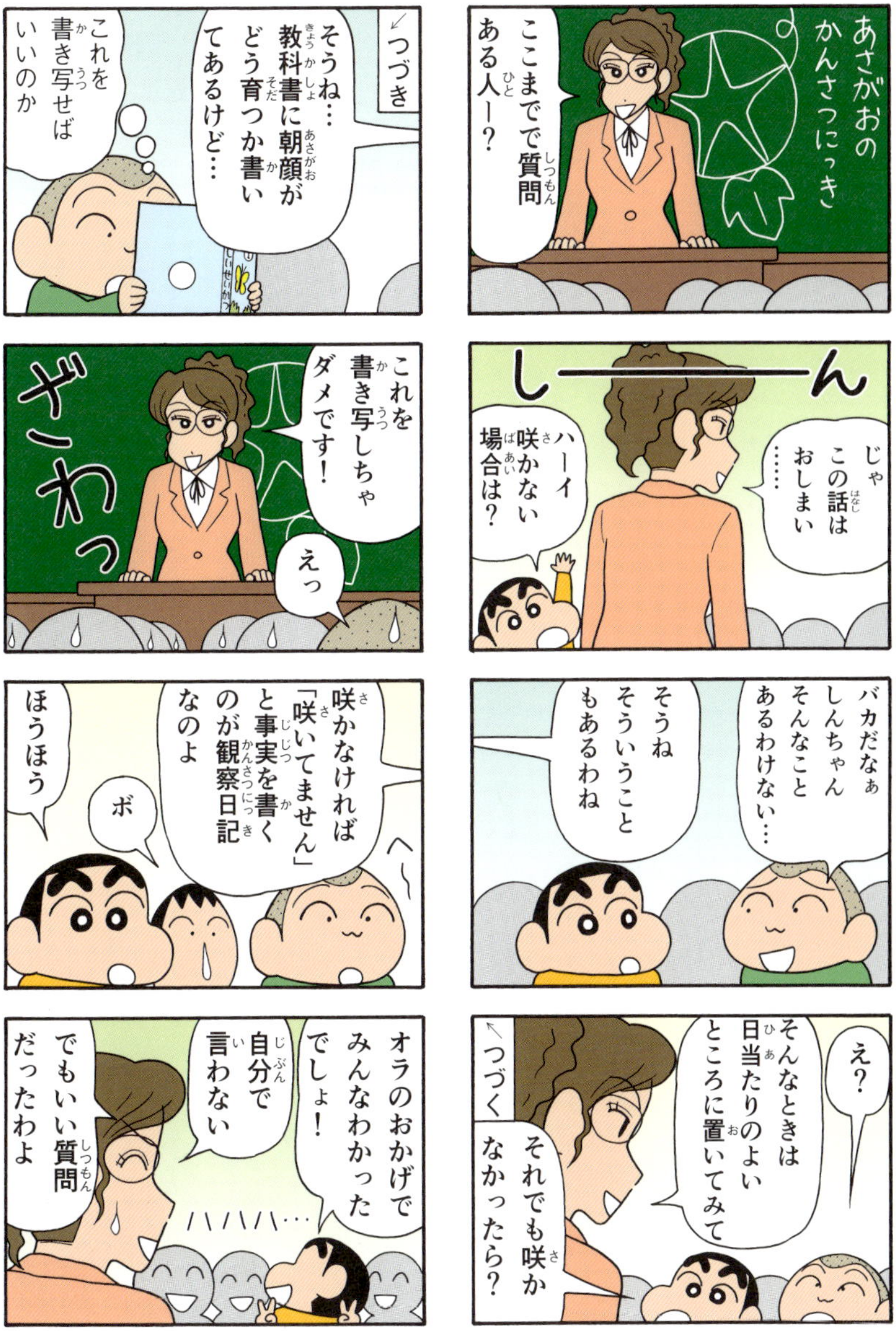

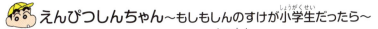

49

勉強《べんきょう》＝学校《がっこう》じゃない 学校《がっこう》にこだわらないで勉強《べんきょう》を続《つづ》けよう

学校《がっこう》が嫌《きら》いな人《ひと》いるかな。

気《き》の合《あ》う友《とも》だちがいなかったり、自《じ》分《ぶん》の学力《がくりょく》に合《あ》った学校《がっこう》じゃなかったりすると、学校《がっこう》が嫌《きら》いになって、やる気《き》も失《うしな》ってしまうことがある。

でも、勉強《べんきょう》＝学校《がっこう》じゃないんだ。「勉強《べんきょう》しよう」という気持《きも》ちを失《うしな》わず、自分《じぶん》で勉強《べんきょう》を続《つづ》ければいいんだ！

本《ほん》を読《よ》むなどしてひとりでコツコツ勉強《べんきょう》することだってできる。個人《こじん》に合《あ》わせて勉強《べんきょう》の仕方《しかた》を自由《じゆう》に選《えら》べるフリースクールなど、別《べつ》の道《みち》に進《すす》むこともできる。自分《じぶん》のやり方《かた》で勉強《べんきょう》できる場《ば》所《しょ》をさがそう。

行《い》きたい学校《がっこう》を目指《めざ》して、独自《どくじ》に受《じゅ》験勉強《けんべんきょう》をスタートしてもいい。でも、どんなに立派《りっぱ》な学校《がっこう》に入《はい》っても、それで安心《あんしん》して遊《あそ》んでしまったら意味《いみ》はないよ。勉強《べんきょう》は、学校《がっこう》に通《かよ》うことじゃない。自分《じぶん》の勉強《べんきょう》を続《つづ》けることなんだ。

えんぴつしんちゃん～もしもしんのすけが小学生《しょうがくせい》だったら～

道《みち》はいろいろある

図書館《としょかん》
♪
開校記念日《かいこうきねんび》
休《やす》みうれしい
子《こ》ども室《しつ》
あれ？別《べつ》の学校《がっこう》に行《い》ったユミちゃん
あっ！ボーちゃん
ユミちゃんの学校《がっこう》も今日《きょう》お休《やす》みなの？
ううん 私学校《わたしがっこう》に行《い》ってないの
なんで？
…なんでかな…私《わたし》みんなのペースに合《あ》わせられなくて…
ふ～ん
つづく
つづき
私大《わたしおお》きくなったら昆虫学者《こんちゅうがくしゃ》になりたいの
昔《むかし》からアリ好《ず》きだもんね
でも…学校《がっこう》行《い》かない子《こ》はなれないよね…
……え？
ボーちゃん何《なに》してんの？
なれるよー昆虫学者《こんちゅうがくしゃ》
おいで！ちょっとお話《はなし》しよ？
え？あっハイ！
その後《ご》
最近《さいきん》ねフリースクール通《かよ》い始《はじ》めたの
へ～どう？
うん楽《たの》しいよ！

それでも勉強《べんきょう》が嫌《きら》いなきみへ

50 勉強《べんきょう》はいつからでも始《はじ》められる 遅《おそ》いってことはないんだよ

「勉強嫌《べんきょうきら》い！」の一番《いちばん》の理由《りゆう》は、自分《じぶん》の学力《がくりょく》が劣《おと》っていることが気分悪《きぶんわる》いから、だよね？

勉強《べんきょう》は他《ほか》の人《ひと》との比較《ひかく》じゃないんだ。昨日《きのう》の自分《じぶん》より賢《かしこ》くなることが勉強《べんきょう》。一歩前進《いっぽぜんしん》することが大事《だいじ》。

もし、少《すこ》しでも「勉強《べんきょう》ができるようになれたらいいな」と思《おも》うのだったら、今日《きょう》から勉強《べんきょう》を始《はじ》めてみよう！

海外《かいがい》のテレビ番組《ばんぐみ》で「人生《じんせい》で一番後悔《いちばんこうかい》していることはなんですか？」とさまざまな年代《ねんだい》の人《ひと》に質問《しつもん》した答《こた》えの上位《じょうい》は、「勉強《べんきょう》しておけばよかった」だったよ。

勉強《べんきょう》をあきらめている自分《じぶん》なんて、ほんとうはイヤだよね。今《いま》はまだできていない、それでOK《オーケー》なんだ。

わからないから始《はじ》めよう。ひとつずつ知《し》っていこう。それが勉強《べんきょう》なんだ！

今日《きょう》から、勉強《べんきょう》を一歩前《いっぽまえ》に進《すす》めよう。

何歳《なんさい》からでも遅《おそ》くない

ありがとうございました～
おつかれさま～
わぁ新米《しんまい》もある！うれし～♪
秋田《あきた》にお礼《れい》の電話《でんわ》しなくちゃ
ピンポーン
お手紙《てがみ》入《はい》ってる
「近々《ちかぢか》そちらにおじゃまします」
おろ？カギ開《あ》いてるでねが
ガチャ
お義父《とう》さん!?
じいちゃん!!
先《さき》に連絡《れんらく》くだされば いいのに……
4日前《かまえ》に手紙《てがみ》出《だ》すたぞ
今《いま》着《っ》いたんだってての！
あの～おみやげをおとなりに少《すこ》しおすそわけしていいですか？
おーええど
近所《きんじょ》づきあいさ大事《だいじ》にせねばな
オラ持《も》ってく！
おとなりの北本《きたもと》さん家《ち》
ピンポーン
ごめんくさーい！
ハーイチンノスケ！アンド……？
ガチャ
や
えっ!? ガイジンさん!?
ハッハロー！アイアム アキタコマチ ユーアー ハンバーガーはウンメーナー
何《なに》？
ハンバーガー
くれるんですか？

つづく→

※ 横書《よこが》きは英語《えいご》だよ

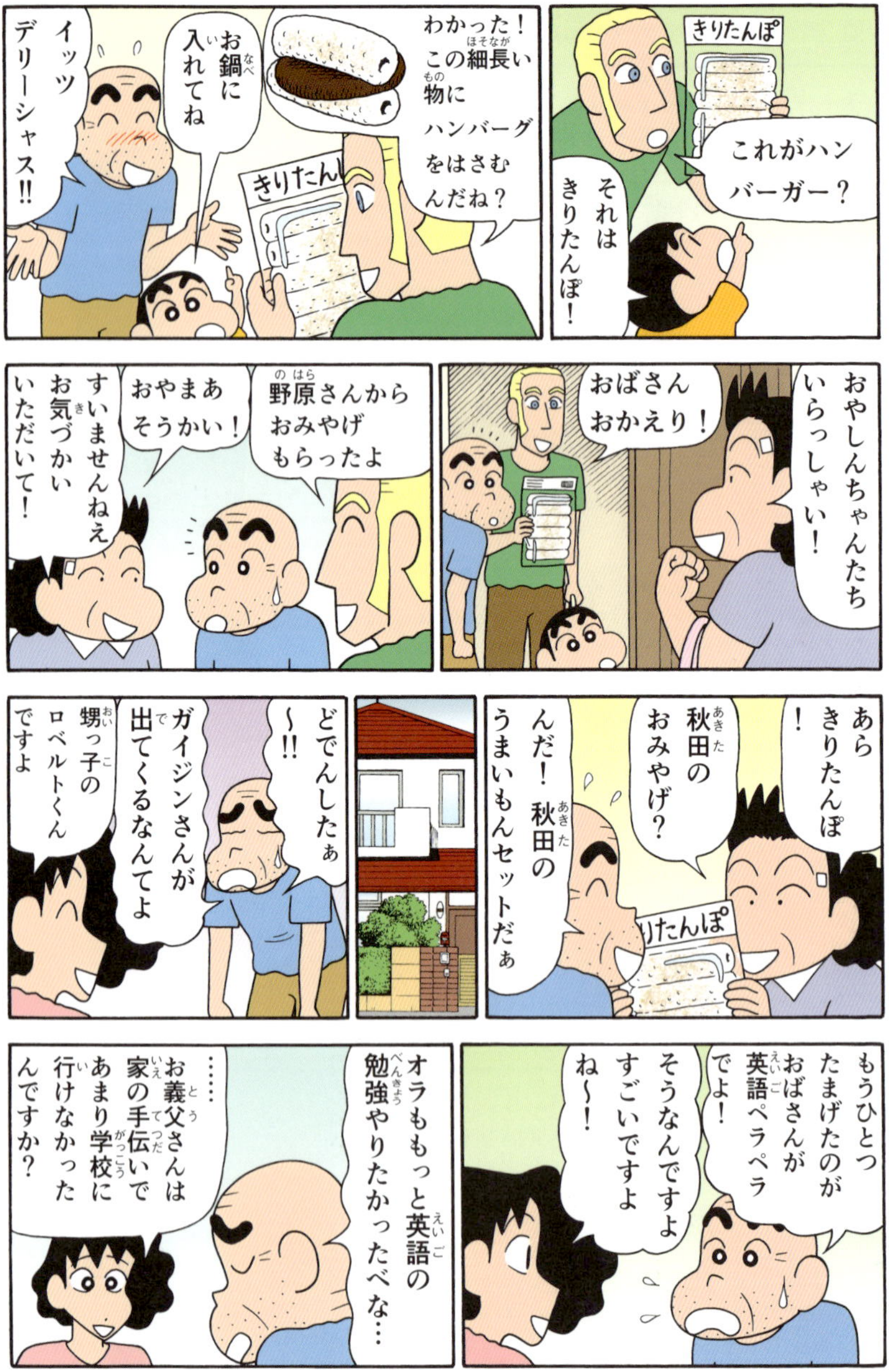
きりたんぽ
これがハンバーガー？
それはきりたんぽ！
わかった！この細長《ほそなが》い物《もの》にハンバーグをはさむんだね？
きりたん
お鍋《なべ》に入《い》れてね
イッツデリーシャス!!
おやしんちゃんたちいらっしゃい！
おばさんおかえり！
野原《のはら》さんからおみやげもらったよ
おやまあそうかい！
すいませんねえお気《き》づかいいただいて！
あらきりたんぽ！
秋田《あきた》のおみやげ？
んだ！秋田《あきた》のうまいもんセットだぁ
きりたんぽ
どでんしたぁ～!!
ガイジンさんが出《で》てくるなんてよ
甥《おい》っ子《こ》のロベルトくんですよ
もうひとつたまげたのがおばさんが英語《えいご》ペラペラでよ！
そうなんですよすごいですよね～！
オラももっと英語《えいご》の勉強《べんきょう》やりたかったべな…
……お義父《とう》さんは家《いえ》の手伝《てつだ》いであまり学校《がっこう》に行《い》けなかったんですか？

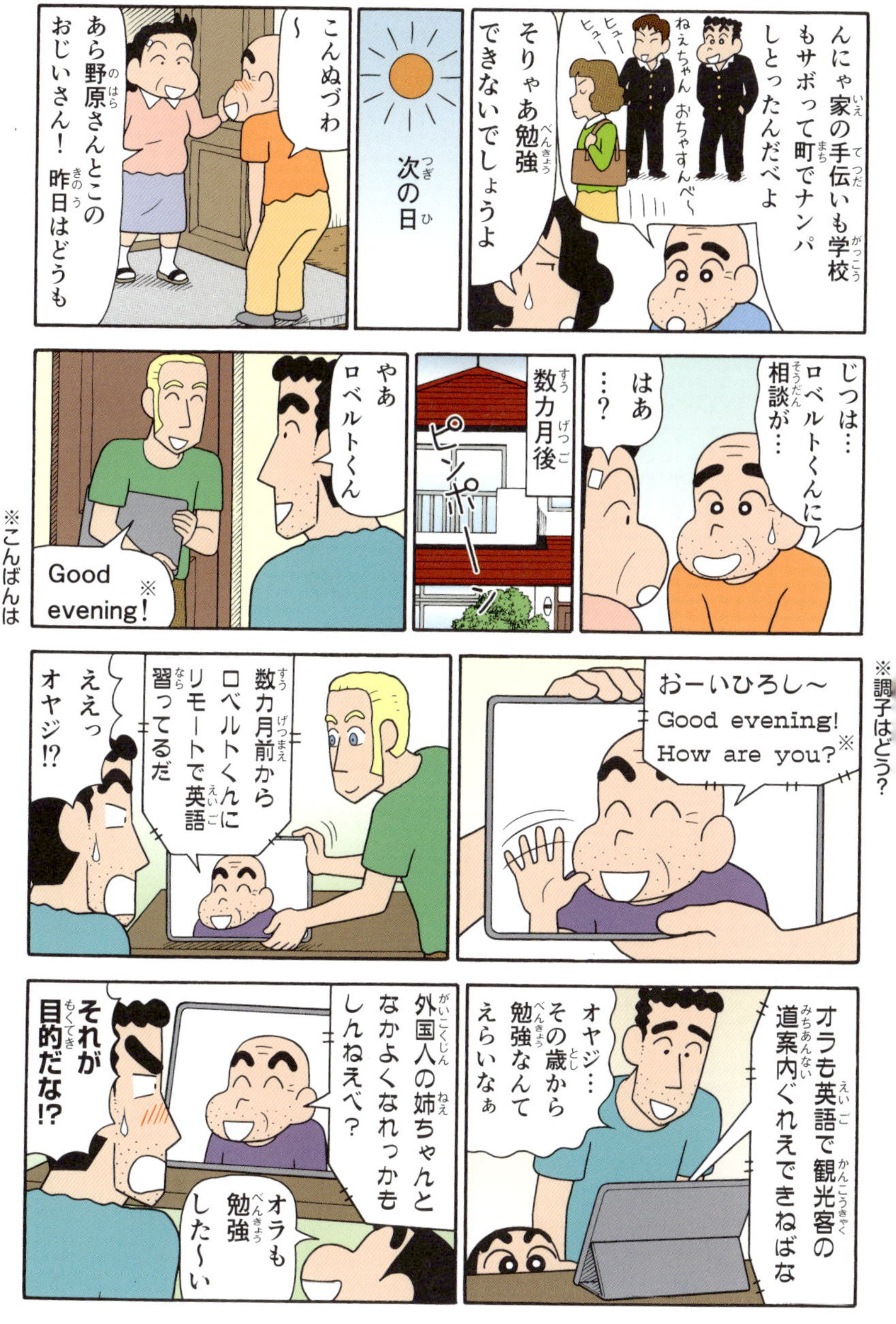
んにゃ家《いえ》の手伝《てつだ》いも学校《がっこう》もサボって町《まち》でナンパしとったんだべよ
ねえちゃん おちゃすんべ～
ヒューヒュー
そりゃあ勉強《べんきょう》できないでしょうよ
次《つぎ》の日《ひ》
こんぬづわ～
あら野原《のはら》さんとこのおじいさん! 昨日《きのう》はどうも
じつは…ロベルトくんに相談《そうだん》が…
はあ…?
数《すう》カ月後《げつご》
ピンポーン
やあロベルトくん
Good evening!※
※こんばんは
おーいひろし～ Good evening! How are you?※
※調子はどう?
数《すう》カ月前《げつまえ》からロベルトくんにリモートで英語《えいご》習《なら》ってるだ
ええっオヤジ!?
オラも英語《えいご》で観光客《かんこうきゃく》の道案内《みちあんない》ぐれえできねばな
オヤジ…その歳《とし》から勉強《べんきょう》なんてえらいなぁ
外国人《がいこくじん》の姉《ねえ》ちゃんとなかよくなれっかもしんねえべ?
オラも勉強《べんきょう》した～い
それが目的《もくてき》だな!?

キャラクター原作　臼井儀人《うすいよしと》

まんが　高田ミレイ
文　戸塚美奈
構成　有木舎
デザイン　武田崇廣（三晃印刷）
編集　二之宮隆（双葉社）

先生《せんせい》は教《おし》えてくれない！
クレヨンしんちゃんの勉強《べんきょう》がどんどん楽しくなる！

2024年12月14日　第1刷発行

発行者――島野 浩二
発行所――株式会社双葉社
〒162-8540　東京都新宿区東五軒町3-28
電話03(5261)4818〔営業〕
03(5261)4869〔編集〕
http://www.futabasha.co.jp/
（双葉社の書籍・コミック・ムックが買えます）
印刷所――三晃印刷株式会社
製本所――株式会社若林製本工場

※落丁、乱丁の場合は送料小社負担にてお取替えいたします。［製作部］宛てにお送りください。ただし、古書店で購入したものについてはお取り替えできません。
電話 03-5261-4822（製作部）
※本書のコピー、スキャン、デジタル化等の無断複製・転載は著作権法上での例外を除き禁じられています。本書を代行業者等の第三者に依頼してスキャンやデジタル化することは、たとえ個人や家庭内での利用でも著作権法違反です。
※定価はカバーに表示してあります。

©Yoshito Usui/ Yuukisha/Mirei Takata/ Futabasha　2024 Printed in Japan

ISBN978-4-575-31933-0 C8076